JN077753

予測不能な時代に備えて 計画を立てる・見直す

事業計画書の作り方 100の法則

BUSINESS PLANNING

井口嘉則
YOSHINORI IGUCHI

日本能率協会マネジメントセンター

はじめに

「事業計画」は、新規事業でいえばビジネスプラン、既存事業であれば中期経営計画や年度計画等いろいろな呼称で呼ばれています。

ただ、事業計画について明確な定義や目次があるわけではなく、皆さんそれぞれの意味付け、用途で「事業計画」と名前を付けて使っているようです。そしてその事業計画をドキュメントにしたのが、「事業計画書」となります。

著者もこれまで何冊か新規事業・既存事業それぞれの分野で事業計画書関連の書籍を出してきましたが、出版から数年経て、特にデジタルマーケティング分野での進展が著しいことから、今回、そうした要素を拡充し、新規事業・既存事業双方に使える「事業計画書」に関する本を作ることにしました。

インターネットビジネスの世界では、動きが早く、事業計画を立てている余裕がないという位、目まぐるしく変化していてます。

ただ、目先のことに追われて対処しているだけでは、大きな目標に辿り着けませんし、どこに流されていくのか、今どこにいるかも分からなくなってしまいます。

ですから、何を目指して、どんなことに取り組むのか、そしてそれによって何を得ようとしているのか、ということを明確にするという意味で、「事業計画書」が必要になります。

筆者の経験では、何も計画がないよりも、あった方がよりよい結果が得られ、さらに立てた計画を実行しないよりも、実行した方がよりよい結果が得られることが分かっています。

もちろん、目論んだ通りの結果が得られるかどうかは分かりませんが、目標を立てて、それに至るための道筋を描くことをした方が、何も目標を立てない、計画を作らないよりもよい結果が得られることは間違いありません。

ですので、皆さんも本書を参考にして、事業計画書を作って、良い成果を得られることを祈念しています。

事業計画書の作り方100の法則　◎目次

はじめに……3

序章　事業計画書の全体像　13

001 事業計画書の種類と要素……14
002 事業計画書を作るためのフレームワーク……16
003 事業計画書の目次……19
004 事業計画書で使用するフォーマット……23
005 事業計画書作成に必要な発想方法……25
006 事業計画書作りのポイント……27

第1章　外部環境変化対応力を高める（A1）　29

007 今後の環境変化はVUCAを前提に置く……30
008 12の共通トレンドを押さえる……32

009 新トレンドを20個抽出する …… 34
010 海外市場を狙うなら「グローバル最適化」を目指す …… 36
011 SDGs対応をしておかないと除外される …… 38
012 PEST分析で環境変化対応課題を認識する …… 40
013 リモートワーク・テレワーク対応を織り込む …… 42
014 コロナ対応を盛り込む …… 44
015 事業環境変化をシナリオプラニングで想定する …… 46
016 シナリオは、基本と楽観と悲観の3通り設定する …… 48

第2章 ビジネスモデル変化に対応する(A1) 51

017 他業界で成功しているビジネスモデルを研究する …… 52
018 ビジネスモデルは、9つのセルで表現する …… 54
019 新しいビジネスモデルで儲けの仕組みを変える …… 56

第3章 自社経営資源分析で強みと課題を抽出する（A2） 61

020 財務分析 …… 62

021 デュポンチャートで因数分解する …… 64

022 事業分析で重要成功要因を掴む …… 66

023 エンゲージメントを高め、退職者を減らす …… 68

024 エンプロイアビリティを高め雇用される能力を高める …… 70

025 グローバル人材育成は、日本人とローカルの両面で …… 72

026 日本的組織「タテ社会」の特徴を押さえて対処せよ …… 74

027 制度やルール見直しは柔軟に …… 76

028 業務・情報システム分析はDX化の観点で …… 78

029 社風・風土は、他社と比較して把握する …… 80

第4章 既存事業と新規事業の両方を伸ばす（V3） 83

030 両利きの経営で、成長を続ける …… 84

031 既存業と新規事業は、VSRプロセスで進化させる……86

032 新規事業はコーポレート・ベンチャリングで成功させる…88

033 未来マップを作る……90

034 アンゾフのマトリックスを活用して成長の種を探す……92

035 新規事業は、ネーミングとイメージが重要……94

036 新規事業は、STPで顧客のニーズを明確化する……98

037 新規事業はサプライヤーとそのシーズの裏取りを行う…102

038 新規事業はトライアルで実現可能性の裏付けを取る…104

第5章 ビジョン・目標を設定する（V1・2・4） 107

039 MVVと企業理念との関係を理解する（V1）……108

040 理念は浸透策を図る（V1）……110

041 ビジョンはイメージ可能性と共感性が重要（V2）……112

042 ビジョン・ストーリーでイメージと共感性を持たせる（V2）…114

043 長期ビジョンと中期計画で時間軸のバランスを取る（V2）…116

044 目標は低すぎず、高すぎず（V4）……118
045 目標には意味・意義を込める（V4）……120

第6章 事業戦略・マーケティング戦略を立案する（S）

第6章 事業戦略・マーケティング戦略を立案する（S）……123
046 3C分析は孫子の兵法に通じる（S3）……124
047 自社のマーケティング要素の把握（S3）……126
048 競合と重要成功要因を掴む（S3）……128
049 戦略設定の順序は3パターンの中から（S3）……130
050 ギャップ分析は定量・定性両面で（S1）……132
051 基本戦略は3〜5本の柱で（S2）……134
052 様々な戦略パターン（S2）……136
053 技術革新への対応（S2）……138
054 SWOT分析のS（強み）とW（弱み）を押さえる（S3）……140
055 SWOT分析のO（機会）とT（脅威）を押さえる（S3）……142
056 成功パターンを作り他社が真似できないようにする（S3）……144

057 事業戦略を設定する（S3）……146

058 事業戦略チェックリストで、戦略の妥当性を高める（S3）……148

059 機能別戦略を設定する（S4）……150

060 組織戦略を設定する〜ティール組織の考え方を参考に（S5）……152

第7章 マーケティング戦略をリニューアルする（S3） 155

061 4C分析で顧客側に立って見る……156

062 Web活用で大半のマーケティング活動が可能に……158

063 4マス媒体を超えたインターネット広告を活用する……160

064 インターネット広告の種類と特徴［前半］……162

065 インターネット広告の種類と特徴［後半］……164

066 スマホ対応で誰でも使えるようにする……166

067 ネット動画で商品・サービス紹介を行う……168

068 ターゲティング広告で効率的に訴求する……170

069 コンテンツマーケティングでプル型へ……172

070 オウンドメディアを充実させる……174
071 コンテンツマネジメントシステム（CMS）を整備する……176
072 マーケティングオートメーション（MA）を組み込む……178
073 ダウンロードサービスで、潜在顧客を増やす……180
074 ブログを続けて、潜在顧客を顕在化させる……182
075 SNSを口コミマーケティングに活用する……184
076 その他のネットを使ったマーケティング手法を活用する……186

第8章 M＆Aと提携戦略を検討する（S3）……189

077 やりやすくなったM＆Aを活用する……190
078 M&Aの種類とプロセス……192
079 買収価格の算定……194
080 M&A案件の評価方法……196
081 M＆A後の統合（PMI）……198
082 提携形態はいろいろなバリエーションから選ぶ……200

083 提携を成功させる6つのポイント …… 202

第9章 収支・投資回収・資金計画を立てる（P3） 205

084 損益分岐点を把握する …… 206
085 投資回収計算はキャッシュフローで行う …… 208
086 キャッシュフローは複数年で把握・評価する …… 210
087 必要資金を確保する …… 212
088 資金調達方法 …… 214
089 クラウドファンディングで資金を得るのも一法 …… 216
090 補助金・助成金活用で元手不足を補う …… 218

第10章 事業管理・経営管理を行う（P） 221

091 PDCAは4つの要素について行う（P2・3・4） …… 222
092 KPIは財務値と業務値・プロセス値を紐づける（P4） …… 224

093 PDCAでは活動計画を立てる（P2）……226

094 PDCAでは計数計画より活動計画を先に立てる（P2・3）……228

095 PDCAのCチェックの差異分析は要因分解して行う（P）……230

096 PDCAはレベル5を目指しやり方を進化させる（P）……232

097 緊急時はOODAループを活用する（P）……234

098 ベンチャーはOKRで急成長を狙う（P）……236

099 事業計画書にまとめる……238

100 事業計画書を発表する……240

序章

事業計画書の全体像

この章では、新規事業・既存事業の事業計画書について、それぞれに共通する部分と固有な部分について紹介し、個々の事業計画書にはどのような要素が必要なのかを説明します。

001

事業計画書の種類と要素

(1) 事業計画書の種類

事業計画は、英語でビジネスプラン(Business Plan)と呼びますが、ビジネス上ではいろいろな呼び名があり、分類上では以下のものも事業計画に含まれます。

・新規事業のビジネスプラン
・既存事業の事業計画
・中期経営計画
・短期経営計画
・予算

この中で、いわゆる「予算」と呼ばれるものは、数値面での計画即ち計数計画だけのものが多いです。それに対して、中期経営計画など経営計画書と呼ばれるものは、計数計画のみでなく、経営目標や経営ビジョン、戦略、活動計画等も盛り込まれています。そして、事業計画を書面としてまとめたものを事業計画書と呼びます。

(2) 事業計画書の要素

それではここで、事業計画書の要素を整理しておきましょう。通常事業計画書には、以下のものが含まれています。

・**理念**……企業理念、経営理念等と呼ばれますが、その組織が大切にしている価値観や存在意義のことを指します。
ただし、理念は一定期間変えられることなく保持されるので、わざわざ事業計画書に記載しないこともあります。

・**目標**……経営目標、事業目標等と呼ばれますが、その組織が目指す定量的な目標を指します。一般的には、売上高や利益目標が掲げられることが多いですが、最近では資本効率を表す指標として、ROAやROEが使われることもあります。

・ビジョン……経営ビジョン、事業ビジョン等と呼ばれますが、その組織が目指す定性的な目標、すなわち将来像のことを指します。日本語にぴったりした言葉がないので、カタカナでビジョンと呼ぶことが多いです。

・戦略……ビジネス戦略のことで、経営目標やビジョンを実現するための方策のことを指します。日本では、方針という言葉がよく使われますが、意味が曖昧になりがちなので、この本では戦略と表現します。戦略には、会社や企業グループ全体を対象とする基本戦略（または全社戦略）と事業ごとの事業戦略、組織機能別の機能別戦略等がありますが、後ほど詳しくご紹介します。

・活動計画……ビジネス戦略を具体的に、いつ、誰が、どのように行うかという計画に落とし込んだものを活動計画と呼びます。

・計数計画……定量目標達成のため、途中の年度別の数値計画、すなわち売上高や原価、販売管理費や営業利益等の財務値等で表されるもののことで、短期の計画では、月別の計数計画までブレークダウンするものがあります。また、投資や資金、人員の計画を含むこともあります。

ポイント

事業計画書には、様々な種類があり、求められる要素も異なる

002

事業計画書を作るためのフレームワーク

事業計画書の要素とその関係が示されたフレームワーク（枠組み）をご紹介します。

「ビジョン・戦略立案フレームワーク」と呼びますが、ビジョン設定や戦略立案、そして中期経営計画策定等に広く応用することができます。会社・組織全体に当てはめることもできますし、事業別に当てはめることもでき、汎用性があります。このフレームワークは、大きく分けて四つのパートからなっています。

左上がビジネス環境分析パート、こちらは上が外部事業環境分析、下が内部、すなわち自社経営資源分析となっています。分析（Analysis）が中心なので、Aパートと呼びます。

右上がビジョン設定パート、こちらは上から理念、経営（事業）ビジョン、事業領域、経営（事業）目標となっています。ビジョン（Vision）や目標を設定するパートなので、Vパートと呼びます。

真ん中の上から下にかけての部分が戦略策定パートで、上から目標と現状とのギャップ、基本戦略、事業戦略、機能別戦略、組織戦略という構成です。戦略（Strategy）立案がメインなので、Sパートと呼びます。

ここで、基本戦略とその他の戦略との関係をお話しておきます。基本戦略は、この事業計画書の対象となっている組織・法人全体を対象とした戦略のことで、企業グループを対象としていれば、その企業グループの戦略となります。もしその組織が複数の事業から成り立っている場合、その事業ごとの戦略を事業戦略といいます。そして、例えばメーカーの場合は、開発や生産、営業、管理といった機能部門があります。その機能部門別の戦略を機能別戦略といいます。そして、会社・法人をどのような組織に分けて運営するか、どのような組織運営を行って行くかということが組織戦略となります。

そして一番下が、活動・計数計画具体化パートで、戦略課題と解決策、活動計画、計数計画、KPIとなっています。KPIというのは、Key Performance Indicatorの略で、重要業績評価指標と呼びます。後ほどKPIの項で詳しく説明しますが、利益率や原価率等の財務指標だけでなく、顧客満足度やレスポンスタイム等の非財務指標も含みます。

それぞれに番号が振られ、合計で15の要素に別れていて、さらにその下にサブ要素が来る場合もありますので、迷子にならないように、外部事業環境分析であればA1、経営目標であればV4のように記号が振ってありますので、このフレームワークの中のどこの話をしているかは、この記号で確認してください。

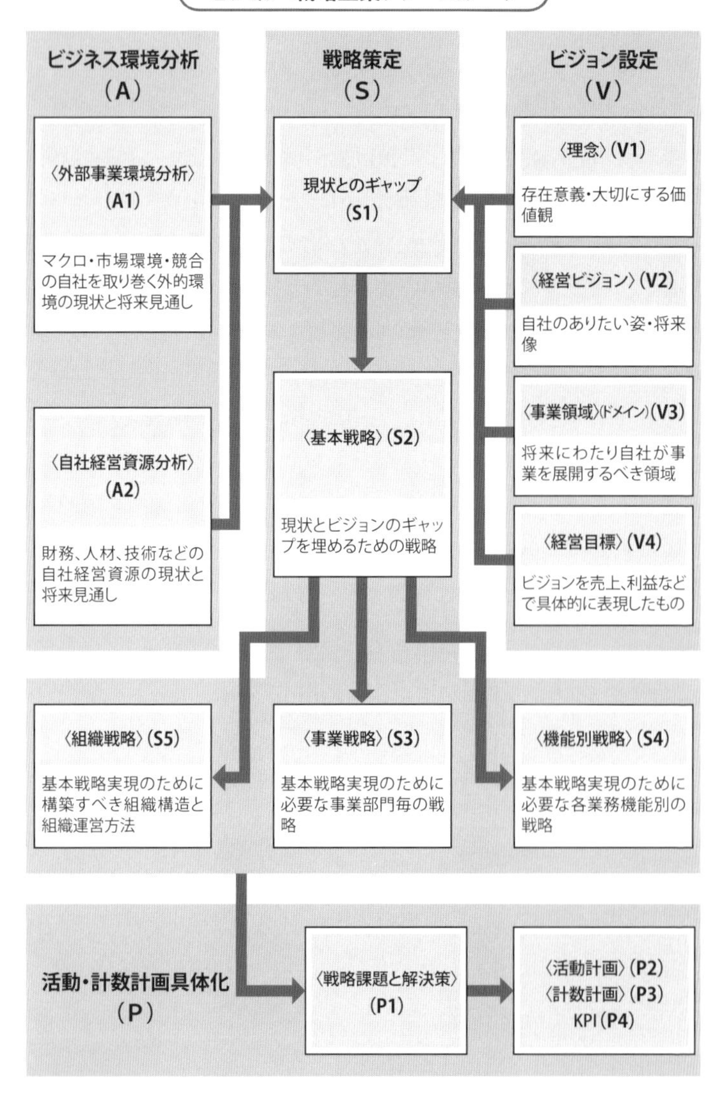

ポイント

事業計画書の要素はビジョン・戦略立案フレームワークで確認する

003

事業計画書の目次

ではここでそれぞれの事業計画書の目次例を見ておきましょう。

(1) 既存事業用

既存事業では、中期経営計画という形で事業計画書がまとめられることが多いです。これは日本独特の慣習ですが、一般に株式公開企業には、中期経営計画の策定と公表が求められています。下記が中期経営計画の目次例です。筆者が中期経営計画策定指導をする場合に、以下のような目次でまとめてもらっています。

〈中期経営計画書の目次例〉

第○次中期経営計画（目次）

1．序文（はじめに）
2．アプローチと前中期経営計画の振り返り
3．当社の企業理念と通じる行い
4．SDGsに関連した当社の取り組み
5．10年後の将来像（長期ビジョン）
6．未来マップと新規事業候補
7．3年後のビジョンと経営目標（中期ビジョン）
8．外部事業環境分析（本社 /A事業部 / B事業部）
9．シナリオプラニング
10．自社経営資源分析
　(1) 財務分析 (2) 競合との比較 (3) SWOT分析
　(4) 成功パターン
11．「構造改革」（パラダイムシフト）をどう進めるか？

12. ギャップと戦略（本社 /A事業部 /B事業部）
　(1) ギャップと基本戦略（From → To）
　(2) 目標と方策のブレークダウン
　(3) 戦略マップとKPI
　(4) 事業戦略
　(5) 機能別戦略
　(6) 組織戦略
13. 戦略課題まとめ
14. 全社活動計画
15. 全社計数計画（シナリオ別）
16. 添付資料
　(1) 事業・機能系のテーマ別中期活動計画
　　（本社／事業部別）
　(2) ビジョン・ストーリー

目次のそれぞれの項目が、先に紹介したビジョン・戦略立案フレームワークの個々の要素と対応しています。例えば、3. 当社の企業理念と通じる行いは、V1の理念に対応し、また、10. 自社経営資源分析は、S2の自社経営資源分析に対応しています。

中期経営計画は、かつては経営目標と計数計画という数字の計画が中心でしたが、それだけでは会社が目指す姿や目標に至る戦略が不明瞭となることから、近年では、経営ビジョンやビジネス戦略の提示が求められるようになっています。さらに、そうした戦略をどのように実行するのかという観点から、活動計画の立案も求められるようになっています。

また、経営目標ということでいうと、従来は売上高や営業利益率等の損益計算書系の指標が中心でしたが、資本効率という観点から、ROAやROEの目標も求められるようになっています。

(2) 新規事業用

新規事業の場合は、新規事業の事業計画書またはビジネスプランと呼ばれます。新規事業は、なぜその新規事業を行う必要があるのかという背景と目的や、既存事業が保有する、活かせる経営資源や既存事業への波及効果、投資回収見通しなど、組織内でゴーサインをもらうために必要な要素も加わってきます。

また、元手を外部の投資家や公的補助金・助成金に求める場合には、責任者（提案者）のプロフィールや知識や経験を明らかにし、その新規事業を立ち上げることができ、かつ成功させられる人材であるかどうか、借りたお金または出資してもらうお金を返したり、出資してもらう以上のリターンを返せる見通しを示す必要もあります。

下記が新規事業の目次例となります。

Ⅰ．はじめに
　1．提案者プロフィール
　2．提案の背景
　3．事業の概要（含む事業コンセプト）
Ⅱ．事業計画概要
　1．ビジネスモデル
　2．事業理念と事業ビジョン
　3．顧客及び顧客ニーズと市場規模
　4．取扱商品・サービスと営業エリア
　5．ビジョン・ストーリー　――　感動の場面
　6．ペルソナと購入プロセス
　7．競合と当該事業の重要成功要因
　8．業務プロセス
　9．マーケティングプラン
　　（商品・価格・チャネル・広告宣伝）

Ⅲ．当社が取り組むべき必然性 （社内新規事業提案の場合）
　　1．企業理念・経営ビジョンとの整合性
　　2．活かせる経営資源とその優位性
　　3．当社グループの成長にもたらされるもの
Ⅳ．事業化方法とステップ
Ⅴ．事業収支計画とファイナンスプラン
Ⅵ．事業責任者と経営体制
Ⅶ．本提案に伴うリスクと対応策
Ⅷ．今後の検討課題

新規事業の事業計画書が既存事業の事業計画書と異なる特徴は、基本的に一つの事業について述べるため、基本戦略と事業戦略のように階層構造になっていません。また、事業戦略の中身を具体化するために、ターゲット顧客や市場規模を推定したり、マーケティングプランを明らかにしたりすることが求められます。

そして、ゼロからスタートすることが多いため、数ヵ年にわたる収支計画を立て、いつ頃黒字化できるのか、また先行投資した分が回収できる見込みがあるのかどうか、トータルでどれ程の資金が必要なのか等計数計画を詳しく作り込み示す必要があります。

さらに、新規であるがゆえに、どこがどう新しいのか、どんなものを作るのか、どんなサービスを提供するのかもあわせて具体的に示す必要があります。

ポイント

① 既存事業用は中期経営計画の形をとることが多い
② 新規事業と既存事業とでは目次が異なる

004

事業計画書で使用するフォーマット

事業計画書で使用するフォーマットは、特に定まったものはありませんが、著者がこれまでコンサルティングやワークショップでの経験から作成した以下のようなテンプレート集があります。それぞれのファイルがインターネットからダウンロードできるようになっていますので、ご活用ください。

(1) 既存事業用……中期経営計画策定用ワークシート集

目 次

1 目次
2 はじめに
3 前(現)中期経営計画の振り返り
4 企業理念のキーワード
5 外部事業環境変化と課題
6 シナリオ・プラニング
7 10年後の将来像
8 3年後の経営ビジョン
9 ドメインコンセプト
10 アンゾフのマトリックス
11 3年後の目標と将来の目標
12 競合(ベンチマーク)との比較
13 外部事業環境分析から抽出された問題点と課題
14 自社経営資源分析から抽出された問題点と課題
15 SWOT分析
16 クロスSWOT分析
17 成功パターン
18 パラダイムシフト(構造改革)をどう進めるか?
19 既存のビジネスモデルと問題点
20 新しいビジネスモデルをデザインする
21 ギャップと基本戦略の設定
22 基本戦略のFrom→To
23 事業戦略
24 機能別戦略(メーカー用)
25 機能別戦略(流通業用)
26 組織戦略
27 KPIツリー
28 中期経営計画 戦略課題まとめシート
29 課題解決策検討
30 テーマ別中期活動計画:「〇〇の〇〇」(事業系用)
31 テーマ別中期活動計画:「〇〇の〇〇」(機能別用)
32 計数計画 売上・利益計画
33 計数計画 投資・人員計画

※こちらは中期経営計画策定用のワークシート集の目次であって、書籍で紹介している社内発表用資料の目次とは異なります。

1

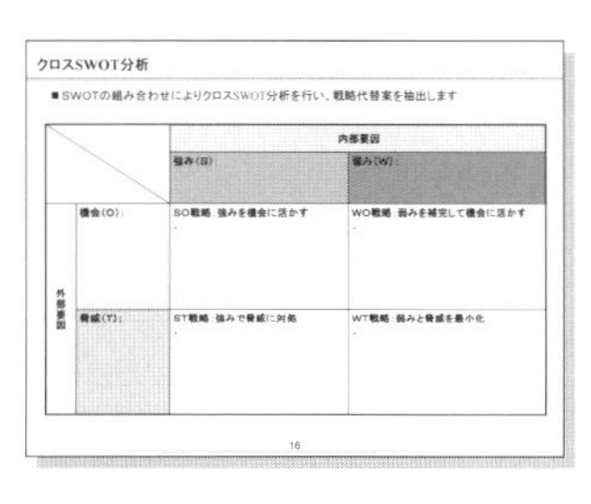

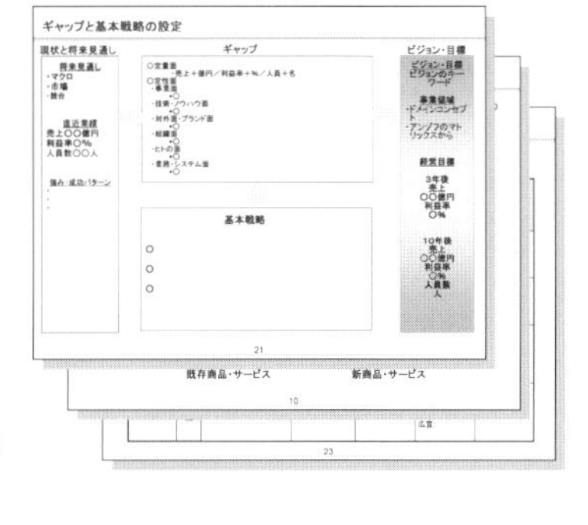

※中計目次に対応した計33ページ分のワークシート集(ppt)

▶ダウンロードサイト:http://www.iguchi-yoshinori.com/chukei
お名前とメールアドレスを入力して、ダウンロードサイトの案内を受け取ってください。

(2) 新規事業用……事業計画書作成用ワークシート集

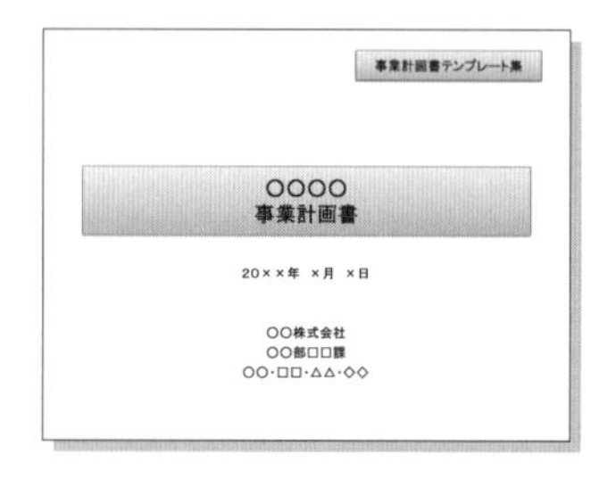

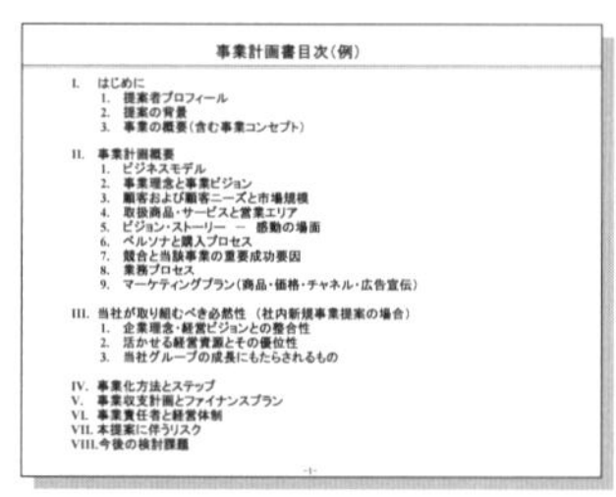

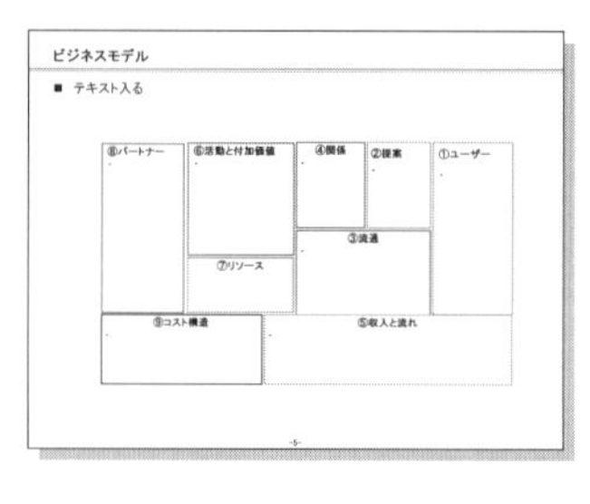

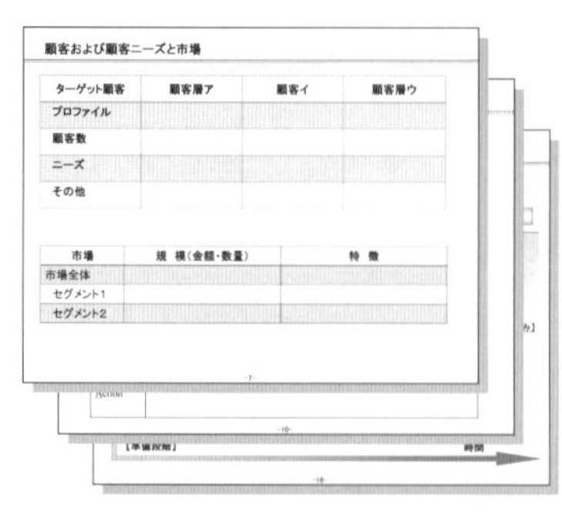

※目次に対応した計22ページ分の
ワークシート集(ppt)

▶ダウンロードサイト:http://www.iguchi-yoshinori.com/tool
お名前とメールアドレスを入力して、ダウンロードサイトの案内を受け取ってください。

この他にもインターネットからは、いろいろな種類のフォーマットが入手できるようになっていますので、企業規模や目的に応じて使い分けてもらって構いません。

ポイント

事業計画書のフォーマットは、目的に合わせて入手し、アレンジして使用する

005

事業計画書作成に必要な発想方法

一般に人の発想方法には、現状分析先行型とビジョン先行型という2つの対照的な発想方法があります。

現状分析先行型（英語でフォーキャスティング型といいます）は、まず現状を分析して、改善可能な点を抽出し、その改善を実施したら、これだけの目標が達成できるといういわゆる「積み上げ型」の発想方法です。この方法は、10人が10人、100人が100人誰でもできる方法です。その点分かりやすくていいのですが、改善程度に留まり、志や目標が低くなりがちです。

一方、ビジョン先行型（英語でバックキャスティング型といいます）は、現状は一旦置いておいて、望ましい将来像を先に考えます。このため強い想いや高い志を反映して、目標が高くなります。ベンチャーで成功を収めた人や創業経営者などは、みなこの発想方法を採っています。ただ、通常この発想方法ができるのは1割以下の人で、誰でもできるわけではないので、注意が必要です。慣れない人が、ビジョンや目標を設定する時にだけこの方法を使って、実行時になると積み上げ型となり、単なる夢物語を語っているに過ぎなくなってしまうことがあります。ただこの発想方法が実際にできている人は、後天的に身に付けた人が多いので、現在できない人でも、身に付けられる可能性があります。

事業計画書を作るのにどちらの発想方法を使ったらいいかということですが、求められる状況により、また責任者のタイプによって異なります。

まず状況からいくと、周りの環境や内部の状況から「改善」程度で済まされる場合は、フォーキャスティング発想で構いません。

現実を見ながら、徐々に改善していけばよいわけです。また、社員やメンバーの人たちが誰もが馴染んでいる発想方法なので、付いてきてもらいやすいです。

一方、周りの環境や内部の状況が改善では済まされなくて、大きな改革やドラスチックな変革が必要な場合や、新規事業を起こす必要がある場合には、バックキャスティング型が必要です。ただ、一般の社員の発想方法との間にギャップがあるので、無理なことを要求されていると思われ、軋轢を生みやすくなります。求められる状況と組織の責任者の発想が異なる場合には、発想を変えてもらうか、交代してもらう必要が出てくるかもしれません。

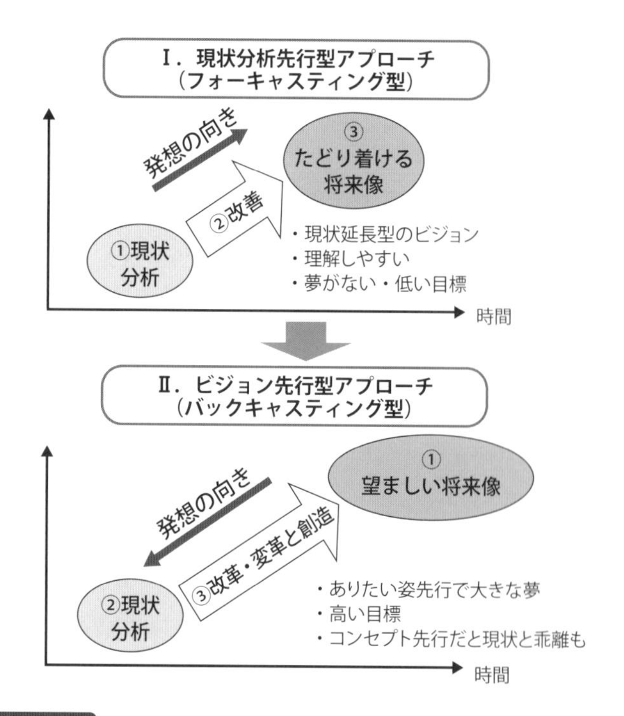

ポイント

求められる状況によって必要な発想方法が異なる

006

事業計画書作りのポイント

事業計画書作りは、ご紹介したようなフォーマットに埋めていけば、一定程度のものはできますが、良い事業計画書、人を説得・納得させられるような事業計画書とするためには、それなりの要件があります。ここから各パートごとに見ていきましょう。

(1) ビジョン設定パート

このパートは、事業計画の目的や目標を示すパートなので、組織や事業責任者の熱い想いや高い志、一定程度以上の高い目標が必要になります。

既存事業の場合は、過去の延長線上よりも一段ないし二段高い目標が求められます。

新規事業の場合で、社内に提案する場合は、社内で求められる基準以上の目標である必要があります。一方、社外や投資家に提案する場合は、その新規事業の魅力度が伝わるような高い目標が必要となります。また、個人事業として行う場合は、事業主の人が満足できるような目標レベルを設定します。

(2) ビジネス環境分析パート

このパートは、外部・内部のことを分析するパートなので、一定程度のデータや事実及びそれに基づく分析が必要です。

外部のことについては、現状についてだけではなく、これからどうなりそうかということについても、その兆候やサインも含めながら、自分たちなりの読みや見通しを示します。

内部のことについては、いろいろと問題や不満もあるかもしれませんが、なるべく客観的な形で強みや弱みが把握できているといいと思います。

(3) 戦略策定パート

このパートでは、ビジョン設定パートとビジネス環境分析パートのギャップを定性・定量両面で把握し、そのギャップを埋められるような戦略＝作戦を示す必要があります。その作戦は、当然ながら環境変化に適合したものでなければならないですし、自社能力とも合ったものである必要があります。

戦略立案に当たっては、事業が複数ある場合は、事業別に戦略を立ててからそれを束ねる方法と、まず組織全体の戦略＝基本戦略を立ててから、個別の事業に降ろしていく方法とがありますが、後者の方が全社的・事業部横断的な戦略立案ができて、いいものとなりやすいです。

(4) 活動・計数計画具体化パート

このパートは、戦略を具体的な業務として実行できるように、期間別の活動計画や計数計画に具体化していきます。事業計画は具体化が重要となります。

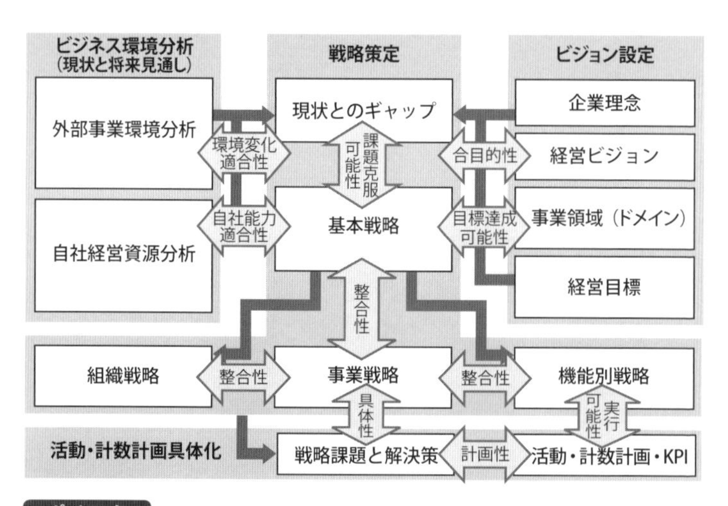

ポイント

事業計画書は、各パートで要件が異なる

第1章

外部環境変化対応力を高める（A1）

この章では、近年の外部事業環境変化の特徴を押さえた上で、それに対処できるような事業計画書の作り方について説明します。

007

今後の環境変化はVUCAを前提に置く

VUCA（ブーカ）とは、Volatility（変動幅が大きいこと）、Uncertainty（不確実性が高いこと）、Complexity（複雑なこと）、Ambiguity（曖昧なこと）という英単語の頭文字を取った言葉で、環境変化が激しく先読みしにくい現代社会の特徴を表した言葉です。

2010年代から、世界の著名な経営者が集まるダボス会議等で使われるようになりました。いつの世でも、現在またはこれからの世の中がどうなりそうかということをキーワードで表現することが流行りますが、そうした表現の一つです。

Volatility（変動幅が大きいこと）というのは、例えば、株価や商品市況、原油価格等近年その変動の幅が大きくなってきています。例えば、電気自動車の米国テスラの時価総額が企業規模ではるかに大きなトヨタ自動車の時価総額の数倍を付けたり、ビットコインの価格が急騰したりしました。また、新型コロナウイルスによって、突然外国人観光客が99%来なくなったり、都市のロックダウンにより街中から人が居なくなったりすることもVolatilityの一つと言えるかもしれません。

Uncertainty（不確実性が高いこと）というのは、先が読めないということで、かつてであれば、市場や技術の動向というのは5年先位まである程度は読めていましたが、近年では、突然大きな政策変更が起きたりして、先読みがしにくくなっています。米中貿易摩擦や自動車の排気ガスに関する規制等も突然起きました。このため、設備投資などの計画を固定的に置いておくことができなくなりました。たとえ中期で計画を立てても、途中で環境変化に対して対応可能なようにしておく必要があります。

Complexity（複雑なこと）というのは、いろいろな要素が複雑に絡み合って、因果関係やインプットとアウトプットが単純ではないということです。例えば、二酸化炭素の排出量が増えるに従って地球温暖化が起こると言われていますが、気温上昇が一律に起きているわけではなく、夏が暑いだけでなく、冬に記録的な大雪が降るようなことも起きています。また、経済でいうと、価格を下げたからといってたくさん売れるわけではなく、一方で値段の高いものの方が良く売れたりすることもあり、単純ではありません。

Ambiguity（曖昧なこと）というのは、はっきりせず、絶対的な解決策や方法が見つからないということです。新型コロナウイルスが蔓延した2020年は、世界中が手探りで手立てを打たざるを得ませんでした。何が有効な手立てか分からなかったからです。ウイルスも変異が速く、昨日有効だったワクチンが、明日には効かなくなるかもしれません。

こういう変化が激しく、この先どうなるか予測がつかない現代ですが、だからといって何も手を打たないわけには行きませんから、そういうVUCAという時代に生きている、事業を行っていることを肝に銘じて、事業計画を立てていく必要があります。

その際に重要なことは、(1)一本調子の未来を前提としないこと(一律に上がったり下がったりしない)、(2)いざという時の変化対応力を付けておくこと（臨機応変に変える）、(3)変えることをいとわず、自ら変わっていく心構えを持つことです(能動的変化)。

ポイント

VUCAの時代に大切なのは、未来を固定的に捉えないことと、変化対応力を付けておくこと

008

12の共通トレンドを押さえる

変化が激しい不確実性の高い時代ですが、以下の項目はあらゆる産業を通じた共通したトレンドとして押さえておきましょう。

(1) 日本の人口減少・少子高齢化継続

少子化と長寿命化が続くことにより、日本の人口減少と高齢化は当分の間継続します。これにより生産年齢人口が減ることで、労働力不足が起こり、外国人労働者に負う部分が多くなります。

(2) 地球温暖化と災害の激甚化

CO_2等の温暖化ガスの削減が言われていますが、思ったよりは進んでおらず、地球温暖化は一層進行し続け、それに伴って台風や大雨等による災害の激甚化が世界中で起きます。

(3) クリーンエネルギーへシフト

温暖化ガスを排出する火力発電所を増やせないこと、原子力発電所のリスク管理の難しさなどから、太陽光発電・風力発電などクリーンエネルギーシフトが進みます。

(4) エネルギー争奪戦

そうは言っても、アジアやアフリカの新興国が経済成長するためにエネルギーが必要となり、エネルギー源の争奪戦が続きます。

(5) 新興国の経済成長と政治力の強まり

飢餓からの解放は、人類の歴史始まって以来のテーマで、新興国も経済成長を目指します。一方で、経済成長できると中国のように政治的な発言力も求め、対外的に強気な姿勢が出てきます。

(6) 新興国での環境問題深刻化と対策

新興国が経済発展すると、環境汚染対策は後手となり、環境汚染問題が深刻化し、その対策が求められます。中国の経済発展と

PM2.5問題はその典型的な例です。

（7）食糧争奪戦

人口増加は貧しい国ほど多く、世界の人口は増え続けています。一方食糧生産は人口ほどには増えないため、食糧不足に陥り、食糧の争奪戦が起きます。三陸沖でサンマが獲れなくなったのは、中国や台湾による遠洋漁業での乱獲も影響しています。

（8）グローバル交流の拡大とパンデミックリスク増大

人は豊かなると、旅をしたくなります。このため経済成長とともに観光客が増え、交流が進み、その結果新型コロナウイルスのようなパンデミックリスクが増大します。

（9）内需型企業の海外進出

国内人口が減少していくため、内需型企業も成長を求め海外進出を計ります。食品・住宅・鉄道・小売業等どんどん海外へ出て行っています。

（10）マンガ・アニメ・和食等日本文化が海外で人気拡大

人間異国情緒に憧れますから、マンガ、アニメ、和食など日本文化固有の部分は、旅行客の増大とともに海外の人たちに受けます。

（11）AI（人工知能）適用分野の拡大

コンピューターがディープラーニングという手法を使えるようになったことにより、AI（人工知能）の適用分野が広がっていきます。

（12）IT利用技術の高度化（IoT、インダストリー4.0等）

IoTは、Internet of Thingsの頭文字を取ったものですが、モノに電子タグなど付け情報管理できることにより、場所の特定や追跡などに使え、生産や物流の効率化、高度化が行えます。

ポイント

業界を問わず共通する12のトレンドを押さえる

009

新トレンドを20個抽出する

新規事業を検討する際には、これからの新しいトレンドを押さえておく必要があります。このために、右記のような今後のトレンドを押さえるワークシートを使って、20個位新しいトレンドのキーワードを抽出してみましょう。

記入例は、最近のトレンドを記述したものですが、2020年の新型コロナウイルスの蔓延により、急速に広まったものもあり、こうしたキーワードも時代とともに変わっていくことが分かります。

こうしたキーワードを抽出して検討する方法は、いろいろなベンチャーに投資をしているソフトバンクの孫さんなども使っているそうです。

そして新規事業のアイデアを出す際に、これらのキーワードと自社のシーズ（種）を組み合わせたり、既存の商品やサービスにこれらのトレンドのキーワードを組み合わせてみたりすることによって、新商品や新サービス、さらには新規事業のアイデアに繋がる可能性があります。

実際にこうしたトレンドのキーワードをワークショップの受講者に書いてもらい、それに基づいて新規事業のアイデア出しをしてもらっています。

もちろん新規事業を発案する際、こうしたトレンドのキーワードに捉われる必要はありませんが、アイデア出しというものは引き出しが多いほど、たくさん出る可能性が高いので、こうしたものを有効活用した方が良いでしょう。

例えば、既存の商品・サービスが売り切りビジネスの場合、月額定額制のサブスクリプションタイプにできないかと考えてみることで、売り方が変わってきます。その典型例が、マイクロソフトのオフィスソフト（Excel、Word等）で、従来は購入時に売り切りでしたが、これを毎月または毎年定額のサブスクリプションタイプにすることで、売上・利益が大幅に増え、時価総額もAppleと肩を並べるほどになりました。

また、感染症の拡大により出勤やリアルの会合が制限されたため、Web会議ソフトのzoomがあっという間に何億人という人に使われるようになりました。筆者も、これを機にzoomを使うようになり、セミナーや研修・ワークショップをWebで行うようになり、サービス形態が大きく変わりました。またzoomの録画機能を使って、動画を作り、YouTubeにアップするなど、新たなプロモーション方法も手に入れられるようになりました。

このようなことは多くの人がやっていると思いますが、新しいトレンドは避けるのではなく、他社や他人よりも早く取り入れることで、新しいきっかけを掴むことができますので、新規事業だけでなく、既存事業の新商品や新サービス検討にも活用できます。

①ウェブ営業／会議／研修等	②電子名刺交換／ペーパーレス／デジタル化／電子認証	③自動化／無人化／自動運転	④テレワーク／リモート
⑤アプリ／TikTok等	⑥デリバリーサービス／ウーバー	⑦サブスクリプション	⑧SDG's
⑨仮想通貨	⑩ロボット	⑪無菌・除菌	⑫ドローン
⑬AI／データサイエンス	⑭アウトソーシング	⑮BCP	⑯脱プラスチック
⑰ワークライフバランス／社員の健康管理	⑱5G／6G	⑲キャッシュレス／スマホ決済	⑳代替エネルギー／水素燃料（電池）

ポイント

新しいトレンドを押さえた新商品・サービスを考える

010

海外市場を狙うなら「グローバル最適化」を目指す

先に12の共通トレンドで見たように、内需型企業でさえ海外進出が当たり前になっています。タイのバンコクの百貨店のフードコートに日本の牛丼チェーンやうどんチェーンが出店していますし、フランスのパリには、日本の有名なラーメンチェーン店が出店しています。また、ベトナムでは、日本の私鉄が鉄道建設とともにリゾート開発に乗り出しています。

海外事業を行う場合には、次に示すマッキンゼーの経営機能移転モデルが参考になります。

メーカーでいうと、最初は国内で生産・組み立てを行って、完成品を輸出するところから始まります。

最初は、商社などに販売を委託していますが、海外市場が拡大してくると、現地に自前の販売会社を設立します。自動車でいうと、アメリカの西海岸のロサンゼルス近郊にトーランスという街がありますが、日本の自動車メーカーのディストリビューター（配給店）が大きなビルを構えています。

やがて現地販売が増えてくると、現地に工場を建設し現地生産を行うようになります。日本の自動車メーカーでいうと、トヨタがケンタッキー州に、日産がテネシー州に、ホンダはオハイオ州にそれぞれ工場を持っています。労働組合が強くなく、かつ賃金が安い地域を選んで進出しました。

現地生産を行うようになると、現地のニーズに合わせて日本にはない独自のモデルを開発・販売するようになります。車では日本の狭い道路を通れないくらい大きな米国市場専用モデルが開発生産されています。このレベルを自己完結型海外事業といいますが、グローバル化はこれだけに留まりません。

最終段階は、グローバルインテグレーションといって、グローバルに見て経営機能を最適に配置しようとします。すなわち車でいうと、日本で設計を行い、人件費が安い東南アジアのタイで部品生産を行い、船で部品を運んで運賃を安く抑え、米国の工場で組み立て、北米市場で販売を行うというようなやり方です。自動車の場合、完成車に組み立ててしまうと輸送コストが高くなるため、部品の段階で輸送した方が物流コストを抑えられるのです。

これは、自動車産業に限ったことではなく、あらゆる業種で進展して行っています。例えば食品でいうと、味の素は、現地の食品や調理方法を取り入れるために、北米、南米、西欧、東欧、アジア、アフリカ等世界の各地域に研究開発拠点を置いています。

ですから、海外市場をターゲットにするのであれば、やがてはグローバル最適化を目指しておいた方が良いでしょう。

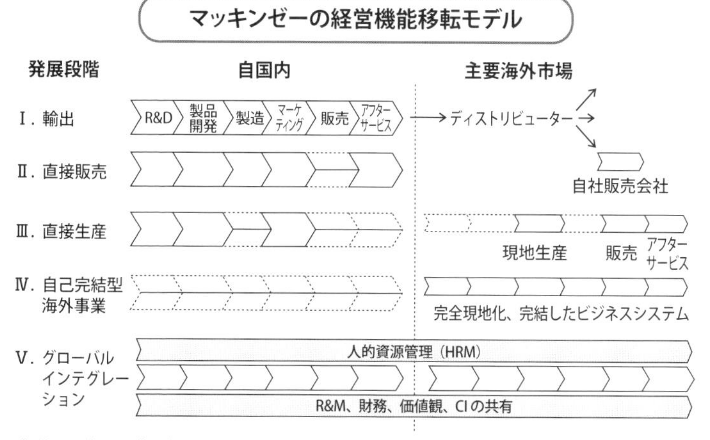

出所：大前研一「日本企業の生き残り戦略」プレジデント社

ポイント

海外市場開拓はグローバル最適化を視野に入れる

011

SDGs対応をしておかないと除外される

近年、ESG投資やSDGs対応が叫ばれるようになりました。

ESGというのは、Environment（環境）、Society（社会）、Governance（企業統治）の頭文字をとったもので、企業活動において環境への配慮、社会的責任や社会貢献を視野に入れる、透明性と倫理観の高い企業統治を行うことが重視されるようになり、株式に投資をする投資家がそうした面での企業の対応を重視した銘柄選びをするようになっているということです。

主だった投資家がESG投資を行うようになると、そうした面を重視しない銘柄の株価が低迷するということにもなりかねませんので、企業側もESG面を重視した経営を行うようになりつつあります。

また、国連が提唱している持続的発展のための17の項目として、SDGsへの対応も求められるようになってきています。「1.貧困をなくそう」「2. 飢餓をゼロに」から始まり、「17. パートナーシップで目標を達成しよう」まで17項目ありますが、このうち自社の事業に関係する項目について新たな取り組みを行ったり、一定の目標を設定したりする企業が増えています。

事業計画での対応方法としては、何段階かのレベルがあるかと思います。

レベル0：SDGsについては特に触れない

レベル1：マッピング……自社の取り組みとSDGsの項目との対応関係を公表するレベル

レベル2：新規施策あり……中期計画等で新たにSDGs関連で取り組む施策があるレベル。例えば、5. ジェンダー平等を実現しようということで、女性役員や管理職者を増やす等の取り組みを行う等です。

レベル3：分野別KPI設定……例えば、「7．エネルギーをみんなにそしてクリーンに」に関連して、自社が消費するエネルギーに占めるクリーンエネルギーの比率について目標設定する等の取り組みがこれに相当します。

レベル4：重要経営課題に……例えば、使い捨て紙おむつを生産する会社が、ゴミを減らすために自社の製品がリサイクルできるようにする取り組みを行う等はこうした例でしょう。

レベル5：最優先……例えば、生産過程でCO_2を大量に排出するメーカーが、次期中期経営計画でCO_2排出削減を最優先経営課題に設定する等がこれに相当すると考えられます。

このように、ESG対応やSDGs対応のレベルはいろいろありますが、元々企業は周りの環境や社会があって成り立つ存在ですから、これから事業計画を立案する際には、こうした視点は欠かせないものとなるでしょう。

SUSTAINABLE DEVELOPMENT GOALS

出所：外務省「「持続可能な開発目標」（SDGs）について」2019年1月

ポイント

事業計画書にはESG、SDGsの視点を忘れずに

012

PEST分析で環境変化対応課題を認識する

外部事業環境分析は、通常PEST分析というフレームワークを活用します。PESTとは、Politics Economy Society Technologyの頭文字を取った言葉で、語感は悪いのですが、広く使われているため、この呼び名で通っています。近年は、もう一つのEとしてEnvironmentやEcologyのEを加えて使うことが多くなっています。

PEST分析で重要なことは、自社・自事業に大きな影響を与える要因を抽出し、その要因に今後事業計画の時間軸（中期経営計画であれば、3～5年）でどのような変化が見込まれるか、そして、その変化に対して当社・当事業としてはどのようなことに取り組む必要があるかということを抽出することです。単にこういう変化がありそうだとか、こういうリスクがあるという予想・予測だけで終わってはいけません。

Politicsは、政治・法律的環境要因ということで、法規制（規制強化・緩和）や、税制、裁判、判例、政治団体動向等がこれに該当します。VUCAのところで出てきましたが、先読みしにくい状態もありえますが、予測可能な政治・法律面での変化があれば、それを記述し、環境変化対応課題を明確化します。

Economyは、経済的環境要因ということで、景気、物価（インフレ・デフレ）、経済成長率、金融、金利・為替・株価等の要因がこの項目に該当します。最近は、国内だけでなく、海外の進出地域・国の経済的環境要因も押さえておく必要があります。そうした際は、国内と海外とを切り分けて表現する方法もあります。

Societyは、社会的環境要因ということで、人口動態、文化、世論・流行、教育、治安・安全保障、宗教・言語、自然環境等の要素を含みます。近年、注目を集めているのは、国内の少子高齢化で15歳以上から65歳未満の生産年齢人口が減っていることと、外国人労働者が増えていること等です。また、若者の離職率が高いことや、女性の就業率が上がっていること等があります。

Technologyは、技術的環境要因のことで、技術開発投資レベル、新技術とその普及度、特許等の項目が該当しますが、近年ではIT関連の技術革新が目まぐるしく、AI（人工知能）やIoT、ロボット、ドローン、DX（デジタルトランスフォーメーション）等の分野で事業環境への影響が大きくなっています。

Ecology、Environmentは、環境的要因ということで、地球温暖化やCO_2排出削減、クリーンエネルギー化に関わる規制や政策が企業活動に大きな影響を与えるようになっています。

	分野	項目	内容	環境変化対応課題
マクロ環境	政治・法律（P）	・対外摩擦 ・社会保障負担 ・環境規制強化	・関税アップやボイコット ・社会保険料負担が増大 ・規制対応商品の商機が増える	・コストダウンやリスクヘッジ ・同上 ・規制対応商品を先取り売込み
	経済（E）	・為替変動リスク ・中国の人件費の上昇	・為替変動に耐え得る事業構造への対応 ・成長基盤が先進国から新興国へシフトしている	
	社会（S）	・少子化と高齢化 ・生産人口の減少 ・コロナによるパンデミック	・労働力人口が減少している ・国内消費マーケットが縮小 ・数年続く	
	技術（T）	・環境技術 ・モバイル端末の急速な普及 ・AI・IoT	・日本メーカーの技術力が向上 ・どこでもオフィス環境に ・様々な分野で適用	
	環境（E）	・環境保全ルール強化 ・再生エネルギーの比率増大 ・温暖化対応策	・環境保全対応コストが増大 ・安全・安心への関心が高まる ・Co_2排出量の削減規制が強化	

ポイント

PEST分析は環境変化対応課題まで明らかにする

013

リモートワーク・テレワーク対応を織り込む

2020年はコロナ禍に対応して、人と人の接触を減らすためのリモートワークやテレワークが普及しました。それまでもIT関連企業が地方に事務所を設けてリモートワークを行うということ等は実験的に行われていたのですが、緊急事態宣言により世界中で対応が必要になりました。

筆者も、セミナーや研修、ワークショップ、コンサルティング、会議等をzoom等のツールを使って行うようになり、以下のようなメリット・デメリットがあることに気づきました。

一番のメリットは、わざわざ遠くまで行かなくても人とコミュニケーションがとれることです。筆者の場合、営業段階で四国の会社とリモートで打ち合わせをし、仕事が決まってから、初めて訪問したようなこともありました。特に国境が封鎖された世界では、海外の人たちとやり取りするにはWeb会議ツールを使わざるを得ません。逆にこれをきっかけに、海外の人たちとも、日時さえ合わせればいつでも会議や打合せができるようになりました。

デメリットとしては、会って話をしないと通じにくいことや、イベント等みんなが集まることで盛り上がったり、感動を共有できたりする場が持ちにくくなったことです。

また、自宅での個人作業が中心になると、モチベーションが維持しにくかったり、相談する相手がいなくて孤立感を深めたりすることも起きやすくなります。リモートワークでうつ病を発症する人も増えています。人間は社会的動物ですから、人と接する機会が少なくなると、精神衛生上よくないのでしょう。リアルで会って話をする機会も織り交ぜて、仕事のスケジュールを組む必要があります。

ただ今後の事業計画を考えるとき、従業員や顧客や取引先がリモートワークを行っていることは、大きな前提条件として対応する必要があるでしょう。そのためのWeb会議ツール対応やクラウドサービス活用は必須となります。

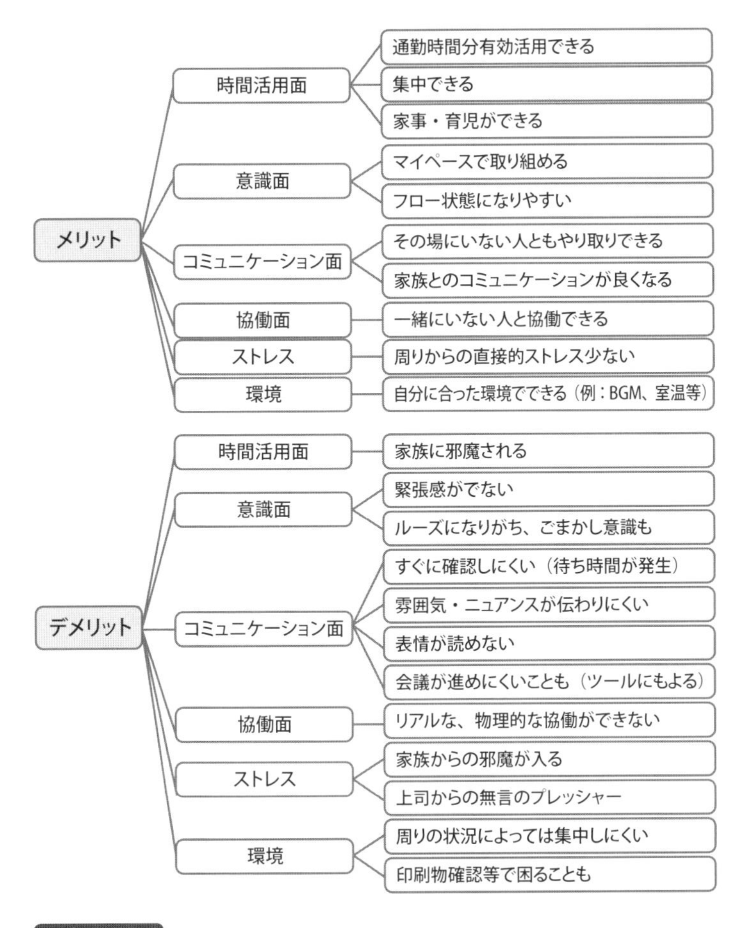

ポイント

顧客・従業員・取引先のリモートワーク対応を前提に

014

コロナ対応を盛り込む

2020年の初頭から世界中に広まった新型コロナウイルス（COVID-19）は、世界中で1億人以上の感染者と200万人以上の死者を出しました。その感染対策として都市のロックダウンや国境封鎖という戦時のような状況を作り出すとともに、従来マスクを着用する習慣の無かった欧米の人たちにマスク着用を義務付けました。

私たち日本人も、インフルエンザや花粉症のシーズンだけでなく年間を通してマスクを着用し、会食を控えるようになりました。

コロナ収束後はまた元に戻るかもしれませんが、今後新たな感染症が発生した際には、類似の対応を迫られる可能性があり、今後の事業計画には、感染症対策が必須となってきます。

感染症対策には、以下のいくつかのポイントを押さえておきます。

（1）非接触対応を可能にしておく

感染症は、人から人、動物から動物へ接触または近接により伝染していくものなので、非接触で商品の提供やサービスが行えるようにしておく必要があります。対面でなくても話ができるとか、サービスを行えるようにしておくということです。百貨店でタブレットを使ったリモート販売を行ったり、料理や食品のデリバリーサービスを行ったりするのはこの例です。

（2）触れるものは除菌・抗菌を行う

新型コロナの場合は、吐く息に含まれる飛沫が主たる原因のようですが、手で触ったりしたところにウイルスが残り、後から来た人がそこに触れることで感染する可能性もあるので、アルコールなどによる除菌や抗菌処理が必要になります。お店への入店時や退店時にアルコール消毒を行うことは、すっかり定着しました。おかげで手が荒れやすくなったのですが、止むを得ません。

(3) 換気を考えた空調・空間設計を行う

通勤電車で新型コロナに感染したという話はあまり聞きませんでしたが、理屈から言えば、感染した人の吐く息にウイルスが含まれますから、電車やバス、飛行機、タクシーなどの交通機関や店舗、オフィス、高齢者施設等多くの人が利用する閉鎖空間では、一定程度の時間内に喚起が行えるようにする必要があります。

新設する場合には当然換気を考えた空調設備を導入する必要がありますし、既設の場合でも、換気扇を設置したり、窓やドアを開けたり換気対策が必須となります。そうした設備費用も事業計画の修繕費用や設備投資計画に盛り込む必要があります。

(4) Web対応は必須とする

日本では、外国との間や遠隔地の場合を除き、サービス業は、対面が基本でしたが、今後は非対面でも対応可能なようにzoomなどのWeb会議ツールや、スマホの電話会議機能を使えるようにする等Web対応を行えるようにします。

従来、TV会議は大きなTV画面越しに会議室と会議室を結ぶ方式がよく使われてきましたが、一人一人の顔が判別しにくいことや、誰が話しているか掴みにくかったのですが、今後はそうしたテレビ会議も一人一人が画面に映り、相互に会話ができるようにする必要があります。

また、問い合わせややり取りなども、電話や郵便でなく、Web上でできるようにしましょう。

ポイント

感染症対策として非接触、除菌、換気、リモート対応が行えるようにする

015

事業環境変化をシナリオプランニングで想定する

(1) シナリオプランニングの必要性

中期経営計画の策定をお手伝いした貿易会社で、過去の中計の振り返りをした際に、為替レートの前提条件が違ったので、途中で中計の運用を止めてしまったという話を聞きました。中期経営計画は、新しいことや既存のことを変えていくことに取り組む計画なので、運用を止めてしまうと成果が上がりません。

貿易会社といえば為替レートの影響を大きく受ける業種ですから、複数の為替シナリオを前提条件として新たな中計を作る指導を行いました。指導後、運用途中で為替レートが大きく動いたのですが、事前に考えておいた別のシナリオに切り替えて運用を行うことで、中期経営計画を完結させることができました。その結果、過去最高売上・最高利益を達成することができたのでした。

この事例のように、多くの会社で外部事業環境の変化を単一のシナリオで想定してしまって、すぐに使えない事業計画となり、また事業計画を立て直すということがよく行われています。

このため事業計画を立てる際には、外部事業環境の変化を複数想定して、それらが変わった際にはシナリオチェンジを行うようにしておくと良いでしょう。こうしたやり方をシナリオプランニングといいます。

シナリオプランニングというのは、もともとは米軍の作戦の立て方からきたものですが、それをビジネスにも応用して使うようになりました。

(2) 4つの分岐点要因

シナリオプランニングには、いくつかのやり方がありますが、お勧めしているのは、自社または自事業に影響を与える外部事業環境要因を抽出し、その中から影響度の大きなものを4つ選ぶ方法です。

この4つは、統計でいう独立変数である必要があります。よくある勘違いは、コロナが流行→入院患者が増加→医療崩壊が起きる→死者が増加というように考えるステップで、後ろの工程が前の工程の従属変数となっているので、独立変数とは考えられません。

一方、コロナショック、自動車の電動化、外国人労働者の増加、企業のDXの推進という4つは、それぞれ独立事象で、例えば自動車関連を対象としたIT企業にとっては、どれも事業に影響度が高い事柄で、一定の想定を置く必要があります。

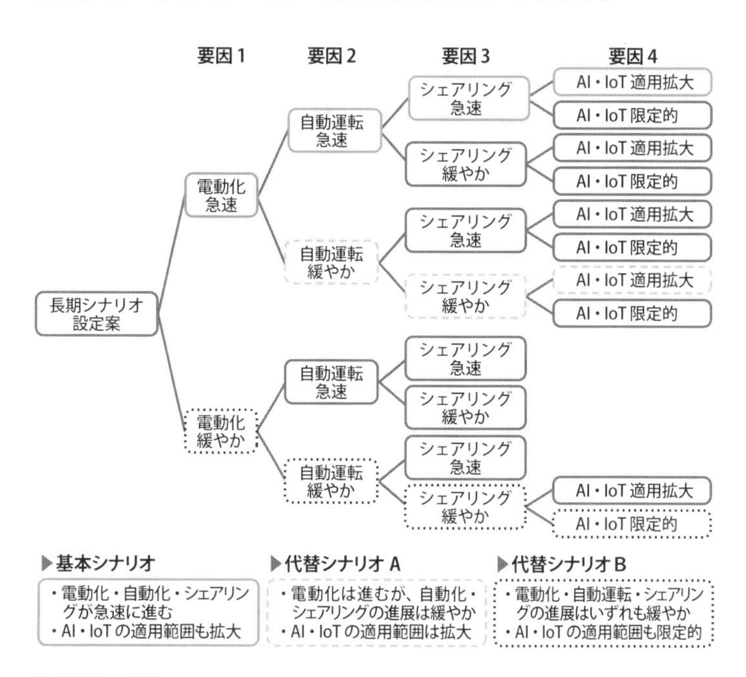

ポイント

シナリオプラニングは4つの分岐点要因を想定する

016

シナリオは、基本と楽観と悲観の3通り設定する

(3) 事業計画のベースとなる基本シナリオを設定する

4つの分岐点要因を抽出できたら、それらの組み合わせを検討します。例えば、コロナショックの影響が大きく経済が落ち込む場合と、落ち込み幅がさほど大きくない場合、自動車の電動化が急速に進む場合と緩やかに進む場合等のように、4つの要因ごとに2つずつ場合分けを行い、それぞれを影響の大きな順に並べていきます。そうすると、4つの要因について2つずつ場合分けができますから、すべてのケース分けをすると2の4乗で16通りの場合分けができます。

ケース分けをする場合は、後でどちらのケースになったか分かるように、上下の2つの場合の分かれ目を設定しておきます。例えば為替レートであれば、1ドル 110円以上と110円未満のように円高・円安の基準を設定しておくのです。

そして、この中から、今後事業計画の期間（3～5年）で、もっともありえそうな組み合わせを基本シナリオとします。

基本シナリオの想定が決まったら、次に経営ビジョンや経営目標、経営戦略への示唆を検討します。コロナショックの影響が大きな一方で、自動車の電動化が急速に進み、外国人労働者が増加せず、企業のDX化が進むとしたら、自社・自事業のビジョンや事業戦略はどのような方向性かということを導き出すのです。

(4) 代替シナリオも検討しリスクに備える

基本シナリオが設定できたら、次に代替シナリオを設定します。代替シナリオは、基本シナリオに対してより楽観的な方と、より悲観的な方の両方を設定しておくと良いでしょう。

組織の内部には、どちらかというと悲観的な人が多く、基本シナリオも多くは若干悲観的なシナリオになるケースがあります。このためより楽観的なケース設定もしておいた方が良いのです。あまり楽観的すぎるのもよくありませんが、現実には結果オーライ的な楽観的なケースもありうるのです。

また悲観的なシナリオは、悲観的な事を考えるのが得意な人がいるでしょうから、もしもの時のリスクを考えて、悲観的なケース設定を行います。その際には、悪くてもこれぐらいというボトムラインを押さえるという効果があります。最悪赤字は免れるようにとか、最低でもこれこれの売上高は確保できる等の見通しを立てるのに役立ちます。

社内でよく事業計画の前提について、もめることがあるのは、もともと楽観的な人と悲観的な人とがいて、彼らが自分の見方の方が正しいと主張するのでまとまらないわけです。そうであれば、基本シナリオ、代替シナリオA（楽観シナリオ）、代替シナリオB（悲観シナリオ）と3つ設定しておけば、社内の楽観論者・悲観論者それぞれを納得させられる計画が立案できるわけです。

(5) シナリオに対応した計数計画立てる

3つのシナリオに対応させて、経営目標も3つできますが、経営ビジョンはわざわざ3つにしないことが多いです。一方、計数計画は経営目標と対応しますので、基本、楽観、悲観と3通り立てます。また、活動計画はシナリオに対応させるケースとわざわざ対応させないケースに分れます。この辺りは、シナリオに合わせて戦略を変えるかどうかに依存することが多いので、一概にどちらとは言い切れません。状況に合わせて検討してください。

ポイント

外部事業環境の前提はシナリオプランニングで複数設定する

第2章

ビジネスモデル変化に対応する（A1）

この章では、既存のビジネスモデルに捉われることなく、他社・他業界で成功しているビジネスモデルを参考にして、ビジネスモデル革新を図っていく視点について述べています。

017

他業界で成功している ビジネスモデルを研究する

事業計画を立てる際に必須となってくるのがビジネスモデルの議論です。ビジネスモデルというのは、儲けの仕組みというような意味ですが、例えば、皆さんお馴染みのユニクロやニトリは、SPA（製造小売り）という業態で、海外の安い労働力のところで自社生産し、その工場で作った製品を自社の店舗網で売ることで、物がいい割には小売価格が安いというビジネスモデルで消費者の支持を得て急成長してきました。

こうしたビジネスモデルは、同じ業界の他社が真似できるだけでなく、他の業界でうまく行っているビジネスモデルを参考にすることもできます。

例えば、カミソリの業界でジレットモデルという、ジレット社が考案した本体価格を安く抑え、消耗品である替え刃で稼ぐというビジネスモデルがあります。替え刃は使っていると、だんだん剃れなくなるため、交換の必要があります。ただし本体と互換性が必要なため、最初に本体は原価＋α程度の価格で売り、その替え刃の利益で稼ぐというやり方です。

このやり方をインクジェットプリンターに応用したのが、現在のインクジェットプリンターメーカーのビジネスモデルです。本体は安い価格で販売し、交換インクで儲ける方式です。純正品だとインク1色で千円程度し、5色揃えると5千円しますので、かなり儲かります。但し最近は、品質の良い互換インクメーカーも出てきたため、このビジネスモデルが崩されつつあります。これに対抗してプリンターメーカーでは、大容量タンク方式等を採用したりしていますが、こうした駆け引きは、イタチごっこで、しばらくは「変える」「追随する」ということが続けられるのだと思います。以下に代表的なビジネスモデルを紹介します。

小売業の出店形態で有名なのは、セブンイレブンの＃１地域ドミナントという方式です。一定の商圏に競合他社よりも多くのお店を出して、競合店を負かせてしまいます。

＃３特定市場の支配というのは、YKKのファスナーのようにグローバルでみて市場占有率が高いと、ファスナーを使う衣類などで採用される確率が高くなります。

＃９同質化というのは、他社がヒット商品を出したら、その類似商品を出す方式で、マーケットシェアが高い企業で取られる戦略です。日本コカ・コーラは、自販機シェアが高いので、自社自販機に他社のヒット商品の類似商品を並べて同質化しています。

区分	ビジネスモデル	特　徴	事　例
顧客セグメント・関係	#1.地域ドミナント	特定地域を支配	セブンイレブン等
	#2.クリームスキミング	需要が多いところのみを狙う	LCC等
	#3.特定市場の支配	特定市場で圧倒的なシェア確保	YKK等
	#4.グローバル化	海外展開し、経営資源最適化	トヨタ等
	#5.顧客ライフサイクル	ライフステージ別商品・サービス	ベネッセ等
	#6.購買代理	顧客の利益のための活動	ミスミ、アスクル等
	#7.プラットフォーム	顧客が活用する基盤を提供	Facebook、ヤフオク等
提供価値	#8.ソリューション	顧客の問題解決を請け負う	IBM等
	#9.同質化	他社の差別化の真似をする	日本コカ・コーラ等
	#10.モノ＋サービス	製品にサービスを付けて囲い込む	コマツ等
	#11.アンバンドリング	サービスをパッケージ化しない	QBハウス等
	#12.デファクトスタンダード	事実上の標準を握る	MS、インテル等
	#13.ブルーオーシャン	競争のない世界を作る	任天堂、カーブス等
価格／収入構造	#14.レーザーブレード	消耗品やサービスで儲ける	エプソン等
	#15.フリー	ベースはただ、周辺は有料	ソフトバンク等
	#16.サブスク	一括払いではなく、月払い	MS365､トヨタ､Hulu他
ビジネス・システム	#17.ダイレクト	直販	自動車保険、通販等
	#18.マニュアル化・自動化	高度なノウハウを自動化・マニュアルし素人でもできるようにし低コスト化	マクドナルド、ブックオフ等

出所：今枝昌宏『ビジネスモデルの教科書』東洋経済新報社　を参考に作成

ポイント

うまくいっているビジネスモデルをヒントにする

018

ビジネスモデルは、9つのセルで表現する

ビジネスモデルを表現するのに有効なのが、ビジネスモデルキャンバスというビジネスモデルの要素を9つで表現する方法です。

下記は、前項の表のビジネスモデル＃10モノ＋サービスというもので、典型例が建設機械のコマツがKOMTRAXをいうシステムを使って実現しているビジネスモデルです。

①ユーザーとニーズ

対象顧客、ターゲットユーザーは誰で、どのようなニーズを持っているのかを定義します。コマツの場合は、KOMTRAXで位置情報や稼働情報も取れるようになっているので、盗難対策や燃費のいい運転等のユーザーニーズに応えられます。

②提案

営業担当者からお客様にどのような提案が行えるかということで、コマツの場合、KOMTRAXを無料で顧客に開放していますから、位置情報や稼働情報ひいてはメンテ情報まで差し上げられますよ、と提案できます。

③流通（チャネル）

いわゆる販売チャネルのことです。小売店や代理店、ディーラー等を通じて販売します。

④関係

これは、ユーザーと事業者との関係ということになります。一般にメーカーとユーザーの関係は、商品を販売したら売り切りになりがちですが、コマツの場合は、KOMTRAXを通じて継続的な情報提供・関係を維持できお客様が浮気をしにくくなります。

⑤収入と流れ

お客様からいくらの代金をどのようなルートを通じて徴収するかを記述します。コマツの場合は、機器販売代金のみでなく、継続的な関係により、メンテ収入や買い替え・買い増しにも繋がっています。

⑥活動と付加価値と⑦リソース

ここが自社・自事業が商品やサービスに付ける付加価値やリソースを定義する部分です。コマツの場合は、⑦のKOMTRAXというリソースを使って、商品企画・製造だけでなく、メンテ情報提供や営業提案ができるようにしています。

⑧パートナー

仕入れ先、サプライヤーとそのシーズを定義する部分です。コマツの場合は、ITパートナーも重要になってきます。

⑨コスト構造

パートナーから仕入れる部材のコストや自社での加工・組み立てコストにITコストが加算されます。

このように9つの要素でビジネスモデルの特徴を表現します。

ポイント

9つのセルでビジネスモデルの特徴を表す

019

新しいビジネスモデルで儲けの仕組みを変える

　他業界で成功しているビジネスモデルを参考にすれば、既存のビジネスモデルに新しいビジネスモデルを付け加えたり、新規事業として新しいビジネスモデルで参入したりすることもできます。いくつか事例を見ていきましょう。

(1) #10.モノ＋サービスで、ロイヤリティが高まる

　コマツのところで紹介した#10.モノ＋サービスは、B2Bの業界で広く応用が利きます。例えば、顧客の生産ラインに設備を納める工作機械業界では、自社の製品にセンサーと発信器をつけ、自社の機械の稼働情報を集め、お客様のラインでの稼働状況をモニタリングしています。これにより、早期に異常を発見し、ライン停止に至るような重大事案になる前に、予防保全を行い、安定的なライン稼働を維持しています。その結果、お客様の自社の製品・サービスに対する信頼性が上がり、ロイヤリティが高まっています。

　これは、工作機械業界に留まらず、ロボット業界や印刷機業界等様々な設備業界に応用可能です。

(2) #16. サブスク対応すれば、敷居を下げられる

　サブスクというのは、サブスクリプションの略で、もともとは定期購読というような意味でしたが、定額料金での映画や音楽配信や自動車利用等が流行り、この言葉が定着しました。

　もともと日本人は、就職したら自分の車を持つとか、結婚したら家を建てる等不動産・動産に対する所有欲が強く、新品を好む傾向がありました。しかし、経済が成熟し、人口も減少傾向となり、わざわざ所有しなくても家やモノが使える時代になってきた

ことと、購入しても技術革新により陳腐化が速いため、長く保有・占有する価値が少なくなってきたこと等があり、サブスクというビジネスモデルが流行り始めました。

また、IT技術の進化により、モノと所有者の間を媒介する情報のやり取りやセキュリティ機能の整備により、モノの貸し借りがやりやすくなってきたこともこのビジネスモデルを成り立たせるベースとなっています。

サブスクが有効なのは、①もともとの商品価格が高いこと、②利用頻度が高いこと、③商品・サービスの価値が使い手が変わっても変わりにくいこと、④技術革新・新商品リリースなどによって商品・サービスの内容が変わりやすいこと、⑤月々の価格設定がリーズナブルであること、⑥事業者が投資回収できる以上の継続利用が見込まれること等の条件が当てはまることです。映画・音楽配信等は④の要素が強いですね。マイクロソフトのMS365も①と④の要素が強いです。

(3) #15.フリー（無料）顧客の中から有料顧客を炙り出す

Googleは、早い段階からこの#15.フリーのビジネスモデルを展開してきました。Gmailはこのフリーのモデルの典型例です。そして、メールが溜まってくると、過去メールの削除リスクが高いので、有料プランに移行となります。

フリーのビジネスモデルの基本は、多くのユーザーにはベーシックな機能を無料で提供し、その中からより便利な付加価値機能を有料で使ってもらう顧客を得ることです。

名刺管理サービスのSansan（サービス名称はEight〔エイト〕）は、スマホで名刺の写真を撮って、サーバーに送り、クラウド上で名刺管理を行ってくれますが、従来の名刺管理ソフトの問題点は、認識間違いが多く、使えなかった点でした。Sansanは、それを人間の目で確認、修正して使用に耐えるものにしました。そして、一定以上の情報は有料版でないと使えないとしています。ビジネスで実際に使おうと思ったら、有料版に移行した方が便利なので、企業では、自社で名刺管理するよりもSansanのサービスを使った方が便利ということで有料契約をするところが出てきています。

このフリーのビジネスモデルは、当初無料顧客に対して、コストを掛けてサービスを行わなければならないので、初期投資が必要となります。

多くの日本企業は、事業毎に収支管理を行うので、こうした初期投資が必要となるビジネスモデルが採用しにくい状況にあります。しかし、米国のベンチャーは、GoogleやAmazonのように当初の赤字を構わず初期投資し、他社が追い付けないほどの規模になってから有料化してごっそり稼ぐという方式を取ります。それだけベンチャーに出資するVC（ベンチャーキャピタル）の資本力と長期的視野が勝っているということでしょう。

(4) #7.プラットフォーマーを活用して、参入する

Amazonや楽天、ヤフー等のビジネスモデルをプラットフォーマーといいます。そのサービスの上に様々な売り手と買い手を乗せ、駅のプラットフォームのような賑わいを見せているからです。

プラットフォーマーは、Amazonを見ても分かるように、当初書籍でビジネスを始めましたが、今やあらゆるものを扱うようになっています。もともと創業者のジェフ・ベゾスの考え方が、Everything Store（なんでも揃うお店）ということなので、その考えに則って、取扱商品・サービスを広げてきたと言えます。プラットフォーマーは、このように自社のプラットフォームの上で商品・サービスラインを次々と拡張していくことができます。

同じようなことができるといいのですが、一度こうしたプラットフォーマーが誕生してしまうと、後からの参入、競争は不利で

す。ですから、後から始めるのであれば、既存のプラットフォームを活用するか、違うタイプのプラットフォームを形成することを考えた方が賢明です。

例えば、既存のプラットフォームを活用するということでいうと、地方で人気の洋菓子店が、楽天にお店を出して、カテゴリーで一番を取り、それを宣伝文句にして拡販を行うことで、売上を数倍伸ばすといったことがあります。これを自社でサイトを開設して、地味にメルマガを出したり、わずかな広告費で広告を打っても、大きなヒットにはつながりません。それよりも既存のプラットフォーマーの集客力を使って、商品・サービスを売り込んだ方が、マーケティングコストはぐっと下げられます。

また、最近では、YouTubeのような動画プラットフォームもありますから、そうしたものを活用して、動画広告を打つことができます。人気ユーチューバーの人たちの中は、自分のチャンネルの視聴者数を増やして、そこに掲載される広告料で稼ぐ人たちもいます。ただ、Google等のサイト運営者の方針変更があると、その影響を直接受けて、ビジネスが成り立たなくなるようなケースもあるため、要注意です。プラットフォームに依存するとそういうリスクがあることも念頭に入れて利用した方がいいですね。

ポイント

サブスク、フリー、プラットフォーム等最近流行りのビジネスモデルを自社に応用することを検討する

第3章

自社経営資源分析で強みと課題を抽出する（A2）

この章では、自社内部のことをヒト・モノ・カネ・情報等のいろいろな観点から分析し、今後取り組むべき課題や活かせる強み等を抽出する方法について説明しています。

財務分析

自社経営資源分析の分野には、**(1) 財務分析**、**(2) 事業分析**、**(3) 人事・人材分析**、**(4) 経営管理分析**、**(5) 業務・情報システム分析**、**(6) 社風・風土分析**等があります。

財務分析において、経営者及び事業責任者の最終的な評価は財務値で下されますから、財務的な結果を残すことは重要です。このため直近及び過去の財務値の分析を行い、どの点がよく、どの点に改善が必要かを分析して、財務的な課題を抽出しておく必要があります。

財務分析は、通常の成長性、収益性、安全性、効率性、生産性に加え、キャッシュフロー分析や連単倍率、セグメント分析等も合わせて実施します。

分析対象期間は、計画の期間に比例して、3ヶ年の中期経営計画であれば最低過去3年間分は分析を行います。その倍の6年間分の分析を行うと近年の中期的推移がよく分かります。

また財務分析を行う場合は、右表のように、各財務分析の視点について、特徴（分かったこと）とその原因、そして対処すべき課題というように、単に分析だけで終わらないように、原因分析と今後の課題を抽出するようにします。

財務値が良いか悪いかの視点は3つあります。一つ目は、時系列比較で、過去と比べて良くなっているかどうかです。二つ目は、基準値比較といい、流動比率であれば最低100%以上、できれば130%以上が求められます。三つ目は競合他社あるいはベンチマーク先との比較です。仮に時系列で良くなっていて、かつ基準値比較をクリアしていても、競合他社比で劣っていれば、改善が必要となります。

①成長性

成長性分析では、売上高や利益の対前年伸び率や数ヵ年の年平均成長性（CAGR：Compound Annual Growth Rateの略）を算出し、同業ないし競合他社と比較します。

②収益性

収益性分析では、粗利益率（売上高総利益率）、営業利益率、経常利益率、総資本経常利益率（ROA）、自己資本税引き後利益率（ROE）等を見ていきます。

③安全性

安全性とは、財務的な安全性のことを指していて、流動比率や固定長期適合率、自己資本比率等を見ていきます。

④効率性・生産性

効率性では、総資本回転率、生産性では１人当たり売上高等を見ていきます。

財務分析の視点	特 徴(分かったこと) 数値は連結表記	原　因	課　題
1．成長性	・'16-'17売上伸び率増31% ・'19-'20売上伸び率減マイナス12%	・関係会社増減 '16○○買収 '19関連会社３社整理	・売上高の回復
2．収益性	・'18以降、総資本利益率、経常利益率、営業利益率減 '18 12%→'20 4%	・○○の売上減少 ・原材料価格高騰の販売価格転嫁遅れ	・販売価格転嫁 ・販管費の削減
3．安全性	・'18以降、流動比率増 '18 152% →'20 189%	・売上増による売掛金と棚卸資産の増加 ・利益増による現金等価物増	・資産の有効活用
4．効率性・生産性	・総資本回転率増 '16 0.70回転 →'20 0.79回転	・売上増による回転率改善 ・従業員数は維持も、営業利益が大幅減	・資産の有効活用 ・従業員数の適正化

ポイント

財務分析は複数視点から実施し財務的課題を抽出する

021

デュポンチャートで因数分解する

近年では、株式公開企業に求められるコーポレートガバナンスコードなどで、資本効率などの指標が、経営目標として求められるようになってきています。資本効率とは、投下した資本に対してどれだけ利益を上げたかということで、具体的にはROAやROE、ROICなどの指標で表現します。

右図のような表をデュポンチャートと呼びますが、ROEを因数分解して表現しています。米国のデュポン社がこのような因数分解を始めたところからその名が付いています。

デュポンチャートは、実際に自社の財務値を当てはめてみるとよく分かります。

自己資本当期利益率（ROE）は、税引き後当期利益÷自己資本ですが、分解すると、総資本当期利益率と自己資本比率の逆数（分子と分母を逆さにしたもの）の掛け算になります。

さらに遡ると、総資本経常利益率（ROA）や総資本回転率になっていきますし、もっと遡ると売上高営業利益率や売上高粗利率にまでなっていきます。

伝統的に日本の経営者は損益計算書重視で、バランスシートのことはあまり頭にありませんでした。会社の社内で立てる予算も損益計算書中心で、利益計画が主になっています。

ただ、もともとの理屈から言うと、会社は株主からお金を出してもらって、そのお金を使って事業で利益を出しているわけですが、元手に対する見返りがどの程度なのかは重要といえば重要なのです。そうした考え方を資本効率といいます。

自己資本や総資本は、貸借対照表（バランスシート）の項目なので、これらを分母にし、利益を分子にすると、先ほど述べた資本効率ということになります。

株主利益を重視する米国ではROEが二桁台の企業が多いのですが、日本の企業は伝統的にROEが一桁台の企業が多くなっています。それでも近年は外国人株主比率が高まったこともあり、中期経営計画等でROEを経営指標に入れる企業が増えています。

ROEを上げるために分子の税引後利益を増やそうとする活動はいいのですが、目標を達成するために逆に分母を減らす方の活動に走ると、あまり好ましくない傾向といえます。自社株買いを行うと、会計上は株主資本を減らすことになるので、ROEの分母が下がり、結果としてROEが上がることになります。

ROEやROA等の資本効率をよくするには、分子である利益を増やすだけでなく、使用する資産をなるべくスリムにして、分母が極端に膨らまないようにする必要があります。

この他、類似の指標にROIC（投下資本利益率）等もあります。

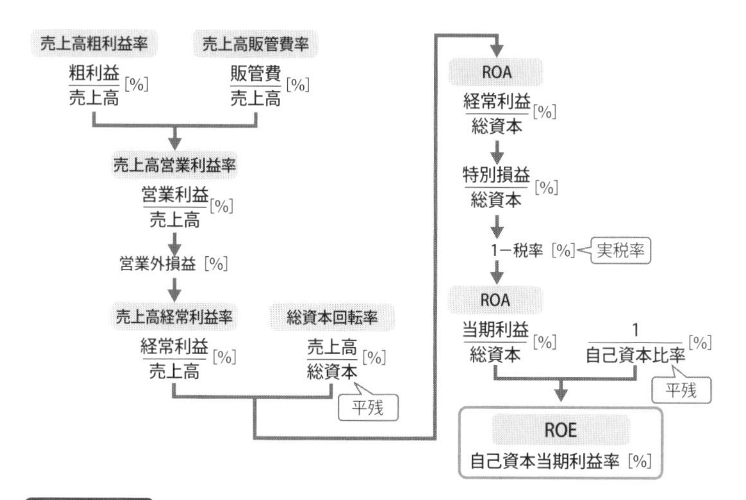

ポイント

資本効率の向上には、因数分解して取り組む

022

事業分析で重要成功要因を掴む

事業分析は、後で述べる3C分析の一要素で、市場・顧客（Customer）、競合（Competitor）、自社（Company）の「自社」に相当しますが、自社・自事業の相対的な競争力を把握し、事業としての重要成功要因を抽出するために行います。

自社分析は、以下のような観点から行います。

（1）事業別の成長性・収益性

財務分析のところで行ったように、事業毎の成長性や収益性を分析します。この際、市場の成長性や収益性との対比や、競合他社の成長性や収益性と相対比較する必要があります。

（2）収益構造分析

（1）の結果から、相対的に収益性が高いまたは低い原因を売上高を100%にして、その構成比から分析します。原価は、原材料費、労務費、経費の区分で見ていきます。

（3）市場分析

市場の成長性や、製品ライフサイクル、市場内セグメント（市場の中をより細かく分けたもの）、セグメント別成長性、収益性、参入セグメントと非参入セグメント、自社のマーケットシェア等、有望な市場で自社が優位なポジションを取れているかどうかという視点から分析を行います。

（4）顧客分析

顧客の属性や特徴、顧客ニーズの変化、顧客セグメントと対象顧客、非対象顧客、ロイヤルカスタマー率等について、良い顧客を捉まえられているかどうかという観点から分析を行います。

(5) 製品・サービス分析

製品・サービス群別の売上高、収益性、成長性、マーケットシェア、顧客の満足度、今後成長が見込まれる製品・サービス群、自社製品の独自性等について、製品・サービスに競争力があるかないかという観点から分析していきます。

(6) 営業・販売体制分析

営業・販売人員とマーケットカバー率、営業人員当たりの生産性（一人当たり売上高等）、営業・販売効率（1件受注するための時間やコスト）、営業人員の熟練度、営業所の体制、コンペ勝率等について、営業・販売体制に競争力があるかないかという観点から分析します。

(7) 生産・供給体制分析

納入リードタイム、生産リードタイムや在庫日数、供給可能エリア、物流コスト、納期遵守率等生産・供給体制に問題がないかどうかという観点から分析します。

(8) 研究・開発体制分析

新商品・サービス発売件数、同売上高貢献率、ヒット率、特許取得件数、商品力の競合他社比較、研究・開発人員体制等研究・開発力があるかないかという観点から分析します。

(9) ビジネスモデル分析

先にビジネスモデルの話が出てきましたが、事業別に見た際にも事業によってはビジネスモデルを変えた方がいいようなケースもありますから、事業毎にビジネスモデルのあり方を見直すようにするといいでしょう。例えば、A事業はモノ売りの売切りのビジネスモデルでやってきたが、サービスを付加したモノ＋サービスのビジネスモデルに転換するというような考え方です。

ポイント

事業分析は様々な観点から重要成功要因を抽出する

023

エンゲージメントを高め、退職者を減らす

人事・人材分析では、通常人員構成や知識スキル充足度、人件費、満足度、退職率等を見ていきますが、ここでは近年注目されている以下のいくつかのポイントについて見ていきましょう。

(1) エンゲージメント（愛社精神）を高め、早期退職を減らす

ここ20～30年若者の仕事や会社に対する意識の変化により、入社3年以内に3割の新入社員が辞めるというような状況が続いています。一方で少子高齢化により若年人口が減り、第2新卒と呼ばれる最初の会社を辞めた人たちに対するリクルーティングサービスが充実してきて、転職そのものがしやすくなっています。

こうした状況に対して、「従業員は愛社精神を持って当たり前だ」と考えるのではなく、会社側から、積極的に従業員のエンゲージメント（engagement）を高める活動を行っていこうという動きがあります。

エンゲージメントというのは、婚約指輪のことをエンゲージメントリングと呼ぶように、「婚約、誓約、約束」のことを指します。マーケティング用語では、顧客と自社の結びつきのことを指し、人事用語としては、「個人と組織の成長の方向性が連動していて、互いに貢献し合える関係」というようにとらえられます。

類似の言葉に、ロイヤルティ（忠誠心）がありますが、ロイヤルティは、企業と従業員の関係が上下の関係であるのに対して、エンゲージメントの方は、組織と個人が対等で、お互いが貢献し合い、信頼度を高めるという横の関係という違いがあります。

伝統的には、日本の企業は従業員に忠誠心を求めてきましたが、一方的な忠誠心では成り立ちにくくなったため、エンゲージ

メントという言葉が使われるようになってきました。

また、従業員満足度という言葉は、会社の制度や施策に対する社員の評価という面があり、エンゲージメントと違いがあります。

エンゲージメントが高い企業は、社員のモチベーションが高く組織が活性化しているため、会社の生産性が高いと言われています。

エンゲージメントを高めるためには、①組織のビジョンへの共感、②仕事のやりがいの創出、③働きやすい職場づくり、④社員の成長支援等が有効だとされています。

(2) 満足度調査で、不満点を見つける

従業員満足度の高い会社は、お客様満足度も高いといわれます。従業員がやりがいを持って熱心に仕事をすれば、お客様の満足度も高まるという考え方です。お客様満足度をCS（Customer Satisfaction）というのに対して、従業員満足度をES（Employee Satisfaction）といいます。

その従業員の満足度を調べるのが、従業員満足度調査で、モラルサーベイ等の呼び名もあり、いろいろな機関でサービスを提供しています。

従業員満足度の構成要因には、職場の人間関係のように、良くないと満足度が下がる要因と、仕事のやりがいのように、あると満足度が高まる要因とがあります。

不満要因が多くなると、早期退職や離職に繋がる可能性がありますので、定期的にサーベイを行い、不満要因を取り除くまたは軽減する施策を打つ必要があります。

また、満足要因を高めるには、先のエンゲージメントの項でもあったような施策を増やしていく必要があります。

ポイント

エンゲージメントや満足度を高める施策を打つ

024

エンプロイアビリティを高め雇用される能力を高める

人事・人材分析の（3）項目目は、**エンプロイアビリティ**です。エンプロイアビリティとは、英語の「雇用する（Employ)」と「能力（Ability)」と繋げた言葉で、雇用される能力のことを指します。

もともとは米国で、1980年代頃からの事業環境変化を受けて、企業が従業員を長期雇用することが難しくなったため、他社でも通用するような知識スキルを身に付けさせようという考えからでてきた言葉です。

これが、近年日本でも終身雇用が崩れ、企業のリストラなどにより転職を余儀なくされるような事態が起きてきました。そこで他社に移っても通用する能力が求められるようになり、この言葉が使われ始めました。

伝統的な日本企業では、新入社員で入社して、定年まで勤め上げることが前提となっていたため、特定の会社でしか通用しない社員が育っていて、他社に移ったら使えない社員となってしまっているケースが多くありました。筆者が見聞きした中で多かったのが、銀行員の人たちでした。銀行では昇格できなくなった人たちが、取引先などに紹介されて出向・転籍で行っていましたが、資金繰りはできても経理ができない等、よく送り込まれた側で「使えない」と言われていました。

最近の若い人たちは、手に職をということで公的資格に走る傾向がありますが、必ずしも資格だけでエンプロイアビリティが高まるわけではありません。

厚生労働省の調査研究によると、エンプロイアビリティの能力は次のように定義されています。

A 職務遂行に必要となる特定の知識・技能などの顕在的なもの（資格などはこれに相当します）
B 協調性、積極的等、職務遂行に当たり、各個人が保持している思考特性や行動特性にかかわるもの
C 動機、人柄、性格、信念、価値観などの潜在的な個人的属性に関するもの

A.B.C. それぞれの能力について他社でも通用する能力を身につける必要がありますが、逆に身に付けた事により転職がしやすくなり、転職者を増やすリスクもあります。

また、BやCの要素が不足するために他社に行っても定着できない社員もいます。

コンサルや研修で日本の企業とお付き合いをしていると、人材育成が不足していることを痛感します。日本では長らくOJTといって、On the Job Trainingで人を育てるとされてきましたが、実際には業務経験を積ませているに過ぎません。このため、業務経験だけで学べないことは、部長クラスになっても学ばないまま来てしまうケースが多いのです。

このため意識の高い人は、最近国内のMBAコースに通う人が多いですが、MBAで学ぶことも、先程のエンプロイアビリティの分類でいうと、Aのカテゴリーの知識・スキルが身に付くだけですから、MBAという箔はつきますが、BやCが身に付くわけではないので、MBAは万能ではありません。

本当の意味でのエンプロイアビリティを高めるには、仕事を通じてリーダーシップを発揮して、困難を乗り越えながら何事かを成し遂げる経験をさせることが重要です。

ポイント

エンプロイアビリティを高めるには、何かを完遂する経験を積ませること

025

グローバル人材育成は、日本人とローカルの両面で

人事・人材分析の（4）項目目は、**グローバル人材育成**です。

10.項で見たように、国内の少子高齢化により、従来ドメスティックだった業種でも成長の機会を得るために海外に進出する会社が多く出てきています。

海外に出て仕事をするために、まず英語力が言われますが、翻訳・通訳の問題は、今後AI技術の進歩により、やがては克服される可能性がありますから、それよりも重要なのは仕事をする能力です。

日本人として海外に出て行って仕事をすることを考えると、まず念頭に置かなければならないのが、「ローコンテキスト社会」への適合ということです。ローコンテキストと対になっている言葉は、「ハイコンテキスト」で、日本社会のような、「あうんの呼吸」で通じる社会です。日本は世界で希にみるハイコンテキスト社会なのです。「男は黙ってサッポロビール」というCMのフレーズに見られるように、寡黙であまり喋らなくても意思が通じることを良しとします。「忖度」という言葉も、目下の人が目上の人が言葉に出して求めなくても、期待していることを推し量って、目上の人に良かれと思って事を行うことをいいます。

これに対して、海外は日本に比べるとずっとローコンテキスト社会ですから、何から何までいちいち言葉にして話をする必要があります。国内では、言わずもがなで当たり前のことも、海外に行ったらいちいち説明しなければなりません。そういう、自分たちが当たり前だと思っていることを、海外の人に分かりやすい言葉で説明できる力が求められます。特に、日本から海外に進出し

て現地で生産・販売を行うような場合は、日本でのやり方や考え方等を現地の人に分かる言葉で説明できる必要があります。

日本人のグローバル人材育成は、(1) 若年層は、若い頃から海外経験を積んで、ローコンテキスト社会に慣れさせ、(2) ミドル層になったら、国内にいるときよりも仕事と責任範囲を広げ、異文化組織下でのマネジメント経験を積ませ、(3) トップ層になると、現地法人のトップとして、現地法人の成長と発展を担える人材となれるように、3階層位で長期的な育成を考えるといいでしょう。若いうちから海外経験を積ませることで有名な会社としては、ミネベア・ミツミがあります。入社後2年程度経過したら、もう海外赴任を命じられるそうです。

また、現地の人材の採用・育成ということで考えると、向こうでは日本の若者以上に転職が当たり前ですから、人の採用のみならず、仕事の任せ方も、別の人で置き換え可能なように仕事をアサインする必要があります。

一方で、会社に対するエンゲージメントが高い人材も中には一定程度はいますから、そうした人材を幹部候補として育成していくことも考えていかなければなりません。

かつて中国で日本製品排斥デモがあった際に、中国人幹部を育成していた会社は、デモや打ち壊しに参加しないようにその幹部が社員に呼び掛けたので、参加しなかったそうです。

日本企業の中には、海外の現地法人のトップも現地の人たちに任せようとする会社もあります。建設機械のコマツ等はその例で、その代わりに、現地の幹部に徹底してコマツウェイ（コマツ流の仕事のやり方・考え方）をたたき込んでいます。

ポイント

グローバル人材育成は、日本人と現地人の両面からアプローチする

026

日本的組織「タテ社会」の特徴を押さえて対処せよ

自社経営資源分析の4番目は、経営管理分析です。経営管理分析では、組織構造や組織の運営方法、予算やPDCA、業績評価制度などの各種制度・ルールについて分析します。

(1) 日本的組織の特徴は「タテ社会」

日本人が作る組織は、ほっておくと「タテ社会」になります。「タテ社会」というのは、文化人類学者の中根千枝さんが提唱した言葉ですが、上下の関係が強く、横の関係が弱い社会です。底辺のない二等辺三角形ともいいます。会社でいうと、社長をトップに、その下に役員、さらに部長、課長、係長、課員と序列をなしますが、下が上に従うという形態で組織が形成され、動きます。しかし横同士の関係は弱く、縦系列が中心の組織となります。このため、横の課や、横の部、部門との関係は希薄になります。これがよく言う組織の壁です。上の人から見ると下の人たちは同じ部下で対等のように思いますが、部下同士は上司から良く思われようと、ライバル関係になりますから、コミュニケーションが希薄になります。上も下同士で結託されたくないので、微妙にけん制し合うよう仕向けます。

また、課レベル位の小さな組織になると、課長という小集団のリーダーに従うことを重視し、ルールよりもリーダーの意向に従うことを大切にします。日本人の社会は、基本的には人治主義で法治主義ではありませんから、リーダーが右と言えば右、左と言えば左を向くわけです。ですから、リーダーに従わない人が出てくると、リーダーは困るので、よそに飛ばしたりします。

よくコンプライアンス違反が起きるのは、このようなリーダーが、ルールを冒してまで何かをしたいケースです。例えば不正をしてでも予算を達成して、上に良く思われたいというようなケースです。

(2) 組織構造や組織の運営方法

組織の設計や改編を行う際には、このタテ社会ということを念頭においておく必要があります。

組織の基本は、職能別組織で、営業や開発、製造、購買、管理等の機能別組織を形成します。職能別組織のメリットは、職能の専門性と効率性が高まるということですが、職能間の壁ができやすいため、ある程度以上の規模になると、製品群等の事業単位でくくった事業部制を取ります。事業部制のメリットは、事業部長をトップに、事業部最適の意思決定を行えることですが、デメリットとして事業部間に壁ができることです。

その他、カンパニー制やマトリックス組織、純粋持ち株会社等組織規模が大きくなるといろいろな形態がありますが、基本的な考え方は同じです。

ただ、万能な組織はないので、その時々の企業や事業の発展段階や事業環境に応じて、組織構造を改編します。

タテ社会では、組織間の壁ができやすいことを念頭に、横串機能を入れるとか、組織間調整の連絡会議を設ける等、組織間の調整機能を機能させるようにします。

自動車業界では、トヨタ自動車やホンダ等がグローバル展開でも成功していますが、いずれも、この日本的なタテ社会のデメリットを相殺するような仕掛けを組み込んでいます。トヨタは、「なんでも共有」、ホンダは上下を気にしない「ワイガヤ」等がその例です。

ポイント

日本的「タテ社会」の特徴を理解した組織設計・運用設計を

027

制度やルール見直しは柔軟に

このほか経営管理面では、予算やPDCA、業績評価制度、各種制度・ルール等の見直しがあります。

(1) 予算とPDCA

会社の予算は、通常総合予算といい、①収支予算、②投資予算、③資金予算の三本立てで予算組みを行います。①収支予算は、売上や原価、経費などの費目別に部門別の予算を組み、全社合計を出して、目標とする売上や利益に届くか確認し、見直しを行います。収支予算は最終的には部門別・月別にブレークダウンされ、月次で予実管理を行います。

②投資予算は、バランスシートに計上されるような投資科目ごとにいつ頃どれくらいの投資予算が必要かを部門別・月別に作成します。

③資金予算は、収支予算や投資予算によって、いつ頃どれくらいの資金が必要になるかを試算し、必要に応じて借入れや返済の計画を立てます。

PDCAは、Plan、Do、Check、Actionの略で、Planは予算、Doはその執行、Checkは月次等での進捗チェック、差異分析を指し、Actionで必要に応じて修正行動を取ります。Checkは会社全体では月別が基本ですが、サイクルの早い会社では全社でも週単位で行うようなところもあります。

(2) 業績評価制度

業績評価制度には、組織の業績評価と個人の業績評価制度とがあります。組織の業績評価は、年度の予算などに対し、事業部や各部門の売上や利益予算の達成度に応じて評価が行われ、ボーナスの査定などに反映されます。

個人の業績は、個人が上げた売上や利益等の部門や会社に対する貢献を評価するもので、個人の動機付けにはなります。ただ、個人プレーが中心の業務であれば機能しやすいですが、チームプレーが重要な業務の場合は、個人評価がしにくく、過度に個人を評価するとチームワークが悪くなる等のデメリットもあります。

人間は平等に扱われたいという欲求とともに、自分の仕事の成果を評価されたいという欲求もありますから、業績評価制度の設計と運用は大切です。

(3) 各種制度・ルール

会社の中には、就業規則や職務分掌規程、残業手当、経費精算規程等様々な制度やルールがあります。いずれも、法律や社内の必要性から定められたものですが、時代の変化とともに適合しなくなるものや、煩雑になるものもありますから、時として見直しが必要になります。

日本社会は、基本的には性善説に基づいてルールが定められ運用されていますが、内部統制制度などが持ち込まれた背景には、そうした前提の弱点を突いて悪用する者がいて、不正を起こしたりすることがあったからです。性善説の方が運用コストは下がりますが、悪用された場合のリスクと被害が大きいため、近年株式公開企業では煩雑な内部統制を行わざるを得なくなっています。

ただそれも、次節で述べる情報システム化により、手書きや転記、捺印等を効率化できる可能性がありますから、不効率な面があれば、見直していきましょう。

ポイント

経営管理面での制度やルールの見直しは、目的にまで遡って行い、情報技術を活用して効率化する

028

業務・情報システム分析はDX化の観点で

自社経営資源分析の5番目は、業務・情報システム分析です。会社の仕事は業務を通じて処理されますから、業務の生産性や効率性を高めることは重要です。そこで活躍するのが情報システムですが、一般的な日本的企業では、情報システム化がまだまだ遅れています。近年の情報システム化は、DXという言葉で表現される方向に進んでいます。

DXとは、Digital Transformationの略で、2004年にスウェーデンのエリック・ストルターマン教授が提唱した概念で、「ITの浸透が、人々の生活をあらゆる面でより良い方向に変化させる」という少々抽象的な概念ですが、近年は、以下のようなポイントでDX化が進んでいます。

(1) クラウド活用で場所を問わない

DX化を皆さんも利用可能なAmazonを例に考えてみることにします。今やAmazonは、世界中で、家の中でも会社でも、自動車や電車の中でも使えます。それは、システムがクラウドと呼ばれる特定の場所を問わないところにあり、インターネットを通じて自由に使えるようになっているからです。Amazonは、一部例外を除き基本的に自社店舗を持ちません。クラウド上に仮想店舗があり、利用者はそこで商品を購入します。

さらにAmazonは、自社の製品・サービスをWebストアで売るだけでなく、AWSというサービスで、クラウド上にシステム構築するサービスも提供しています。AWS上に仕事で使うシステムを構築すれば、完全にリモートワークができるわけです。

(2) IoTでモノの情報を把握

IoTとは、Internet of Thingsの略で、モノにバーコードやICタグを付けて、場所や移動情報を捉えられるようになっています。このため、いつ頃商品を届けられるか、今どこにあるかが把握できるようになっています。

(3) AIで分析や付加価値を付ける

Amazonでは、膨大な顧客・購買データをAIで分析して、「この商品を買った人は、これも買っています」というようなお勧めをしてきます。取得・蓄積したデータを活用して、そのような付加価値や付加サービスを提供することもできるようになっています。

(4) モバイル活用でいつでも、どこでも使える

Amazonは、スマホなどのモバイル端末からでも注文することができます。電車の中で、ふと気づいた日用品の補充注文を行うこともできます。

(5) ペーパーレス・はんこレス

Amazonを利用するのに紙を必要としません。データ入力は、基本的に顧客が自分で行います。ですから、会社側で改めてデータ入力をする必要がありません。そして、入力されたデータは、システム間で連携され、配達される商品の伝票印刷まで繋がっています。また、返品も顧客が返品処理入力を行うため、Amazon側での作業はありません。

また、自分であることを認証するのに、デジタル認証を行いますから、はんこを必要としません。わざわざはんこを押すために出社する必要がないわけです。

このように皆さんも活用しているAmazonを例にとると、自社の業務・システムのDX化の課題が見えてきます。

ポイント

Amazonを例にDXの切り口を見つける

029

社風・風土は、他社と比較して把握する

社風や風土は、曖昧で捉えにくいものですが、実際にはコミュニケーションの取り方や意思決定、行動の仕方に影響を与えているので、実は重要な事柄です。

社風や風土は、中にいると慣れ親しんで当たり前になってしまっていて感じにくいですが、新しく入社したり、転職したりするとその存在や違いに気づきます。ですから、新入社員や中途入社の人に聞いてみたり、取引先や、顧客に聞いてみたりすると掴みやすいです。ただ、注意が必要なのは、仮にそれが宜しくない評判の場合、それを批判として受け止めるのではなく、外から見るとそう見えているのだと冷静に受け止めることが重要です。

社風や風土でよくある特徴を以下に示しますので、自社・自事業について把握してみましょう。

(1) 明るいvs暗い

会社や職場の明るさというのがあります。当然明るい職場の方が活気があり、業績が良くなりやすいのですが、経営者のタイプや職場の管理者のタイプにより、落ち着いた、やや暗い会社や職場というのがあります。

(2) ポジティブvsネガティブ

(1) とも関連しますが、物事の捉え方がポジティブかネガティブかというのがあります。これは、社員の構成や会社・職場のリーダーの気質にもよります。一般的には、日本人はネガティブな人の比率が多いので、人口比で採用するとネガティブな会社・職場となります。そして、当然ながら、ポジティブな職場の方が業績がよくなります。それは、人間はポジティブな気分の方が新

しいことに取り組みやすいからです。

（3）内向きvs外向き

一般に日本人は内向きになりがちで、内部のことに関心が向きます。内部の人のうわさ話が多い会社は、内向きな会社と言えるでしょう。内向きな会社は内部の人間関係を重視し、新しいことには消極的です。

それに対して、お客様やマーケットの動向、競合他社の動向やマクロ環境変化に敏感な会社は、環境変化対応力も高く、その分新しいことに取り組もうとします。

（4）仲良しvs反目

内部の人間関係がよい会社と、何かにつけ対立・反目しあう会社とがあります。いい意味での競争、ライバル関係ならいいのですが、足の引っ張り合いを行うような関係は好ましくありません。

内部の人間関係が良いとコミュニケーションも取りやすく、情報共有や連携がうまくいきます。反対に対立し合っていると、コミュニケーションが悪く、蛸壺化しやすくなります。

（5）評価をはっきりさせるvs曖昧にする

日本人の特徴としては、評価を曖昧にしがちですが、いいことはいいとプラスに評価し、悪いことをしたら罰するというように信賞必罰にした方が、内部の活動は活発になります。評価を曖昧にしておくと、事なかれ主義に陥りがちです。

（6）議論できるvs議論を避ける

一般に日本人は対面を気にするので、議論を避けます。議論して負けると対面を失うからです。ただ、問題があったり課題があったりした場合は、議論が必要です。議論を避けていると、問題先送りになります。

ポイント

社風・風土は、新しい人や外部の意見・感想を聴く

第4章

既存事業と新規事業の両方を伸ばす（V3）

この章では、これまでの既存事業vs新規事業という二分論ではなく、最新の経営理論である「両利きの経営」という考え方のもとに、両方とも伸ばしていく視点が必要であるということについて説明しています。

030

両利きの経営で、成長を続ける

従来、既存事業と新規事業は別物として扱われることが多かったのですが、近年、両方ともうまくできるように取り組むべきであると言われるようになってきています。

米スタンフォード大学のチャールズ・A・オライリーらは、企業には漸進的イノベーションで既存事業を強化しつつ（深化）も、従来とは異なるケイパビリティが求められる新規事業を開拓して（探索）、変化に適応する両利き（ambidexterity）の経営が必要であると説いています。

両利きというのは、既存事業が利き手（例えば右手）だとしたら、新規事業は左手となるのですが、経営者は、苦手な新規事業にも取り組んで、右手も左手も両方とも利き手として使えるようになっていなければならないという意味です。

技術革新による事業環境変化が激しいため、既存事業だけを得意にしていても、陳腐化リスクが高いため、新規事業にも積極的に取り組む必要があるということです。

例えば、小売業では、リアルな店頭販売が主流でしたが、近年はネット通販の台頭により、ネットビジネスでもうまくやらなければならなくなりました。

そして、この両利きの経営が成り立つためには、以下の4要素が重要であると言われています。

(1) 戦略的意図

経営者による戦略的な考え方、例えば、新規事業を既存事業にも役立てるとか、新規事業が立ち上がってくるまで既存事業でカバーする等、両者の繋がり、関係性に関する考え方が重要です。

(2) 経営陣の関与と支援

一般に新規事業には産みの苦しみがありますから、経営陣の積極的な関与が必要です。必要に応じて他社との提携交渉を行ったり、既存事業からの協力・応援を取り付ける必要もあります。

(3) 両利きのアーキテクチャー

アーキテクチャーというのは、設計基盤のようなものを指しますが、ここでは、既存事業・新規事業それぞれを成り立たせる経営基盤のようなものを指します。小売業で言えば、リアルとネットの両方で使える商品データベースがそれに当たります。

(4) 共通のアイデンティティ（ビジョン・価値観・文化力）

社内で新規事業と既存事業が対立し合っているようではうまくいきませんから、会社のビジョンとしては両方を包含し、社内の価値観や文化も、既存事業の生産性・効率性を重視しつつも、新規事業によるトライアル&エラーも許容するようなものである必要があります。

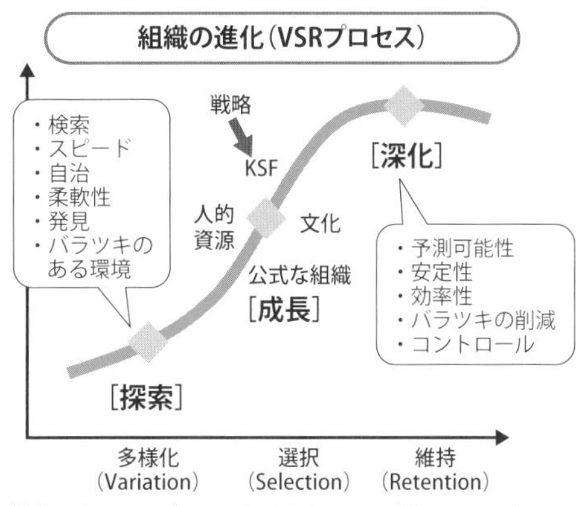

出所：「両利きの経営」チャールズ・A・オライリー、マイケル・L・タッシュマン著、入山章栄監訳、東洋経済新報社より

ポイント

既存事業も新規事業も両利きで成功させる

031

既存事業と新規事業は、VSRプロセスで進化させる

両利きの経営では、組織進化のVSRプロセスが重要であると論じられています。

まずVはVariation（多様性）のことで、新規事業を成功させるには、いろいろなことを試して、うまくいったものを残すというアプローチを取る必要があります。既存事業は、すでに一定の成功を収めている事業ですが、新規事業はまだ成功するかどうか分からないですから、たくさんのことを試してみる必要があります。ユニクロの柳井さんも、「一勝九敗」と言っている位、新しいことは成功確率が低いものなのです。

企業内で起業家を育てるために新規事業の企画指導を行ったりしていると、既存事業で出世した役員が出てきて、成功確率が低いと言って、没にしてしまうケースが多くあります。おそらく、仮にそれを通して、後で失敗した責任を問われたくないという考えからでしょうが、そういう発想をしていると、このVariationは担保されません。リスクは出来る限り避けつつも、いろいろなチャレンジはやってみるべきなのです。

次は、S、Selection（選択）です。たくさんトライアルした中からいいものを選び（選択）、選んだものについて経営資源を集中投入し、成長させます。農産物などでも、芽が出て苗がある程度伸びてきた段階で、間引きをして、大きくなる可能性の高い苗を残します。これはそのSelectionと同じ考えです。将来の成長性が期待できる事業にリソースを振り向けるという考え方は、経営戦略の初期の理論であるPPM（Product Portfolio Management）にも見られます。

ただ、日本国内では、変な平等主義があって、止めさせるのは可哀そうだという心情論に走ってしまいがちなので、注意が必要です。ダメだったらまた別のことでやり直しをすればいいことで、そうした失敗を許容する度量、カルチャーが必要です。

最後のＲはRetention（維持）ということで、選んだ既存事業がなるべく長く企業を支えられるように、事業内容を深化させていきます。

深化させるためのキーワードは、以下となります。

①予測可能性

市場動向や顧客ニーズ、競合他社の動向等がある程度予測が付くと、投資計画や予算・利益計画の精度が高まります。予測可能性が高いほど生産性や効率性を上げ、より少ないインプットでより多くのアウトプットを出すことができます。

②安定性

受注や売上の変化が大きいと、それに対応する人手やコストが掛かります。安定性が高いほど、コストを抑えやすくなります。

③効率性

経験曲線という考え方がありますが、より多く生産するほど、いろいろな工夫をして生産コストが下げられるというものですが、効率性を高めることができます。

④バラツキの削減

品質管理は、バラツキを減らすために行います。バラツキが少ないほど良品が多くなり、無駄が省けます。

⑤コントロール

PDCAは経営管理＝コントロールの手法の一つですが、予測可能性が高いほど、高い精度でPDCAを行うことができます。

ポイント

VSRプロセスで組織を進化させる

032

新規事業はコーポレート・ベンチャリングで成功させる

新規事業の立ち上げ方にはいろいろなパターンがありますが、近年注目されているのが「コーポレート・ベンチャリング」です。コーポレート・ベンチャリングとは、「アライアンス等を通じて社内外のベンチャー企業を活用すること」を指しますが、具体的手法には下記のものがあります。

(1) 社内ベンチャー

社内ベンチャー制度などを作り、社内から提案のあった新規事業を一定のスクリーニングプロセスを経て承認し、通った案件について事業化に取り組ませるもので、リクルートやサイバーエージェント等の取り組みが有名で、かつ実績も挙げています。

(2) ベンチャー育成

外部のベンチャーキャピタル（VC：ベンチャーに投資する会社）が投資しているベンチャーに投資を行い、関与する方式。ベンチャーキャピタル投資先であれば、一定程度の事業スクリーニングは経ていると推定できます。

(3) 教育的買収

自社が関わったことのない事業領域に参入を目指す場合に、その領域での事業化を目指しているベンチャーに投資を行い、そこからその事業領域での重要成功要因を把握しようする方法。ベンチャーなので少額の投資で済み、大きなお金を失うリスクを下げることができます。

(4) ライセンシング

他社からライセンス供与を受けて事業化するケース。すでに他社（海外のことが多い）が事業を行っているため、ライセンスを受けて早く立ち上げることができます。

(5) ジョイントベンチャー

他社を含め、複数社の協力による新規事業開発で、それぞれが持つ事業シーズを持ち寄って成功させることが可能となります。

(6) アライアンス（提携）

複数社で目的を共有し、技術提携、業務提携等の提携形態による新規事業開発で、資本的移動を伴わないことが多く、その面でのリスクを下げることができます。

(7) CVC投資

既存企業によるベンチャーへのベンチャーキャピタル（VC）的な投資のことで、ソフトバンクなどは、「ビジョンファンド」等ベンチャー投資ファンドを組成して、アラブのオイルマネーを呼び込んで、投資事業で大きな利益を上げています。

(8) 買収（M＆A）

かつて日本企業は、企業買収を嫌いましたが、バブル崩壊以降のリストラの時代を経て、事業の切り離しや新しい事業領域への進出にM＆Aを積極的に活用するようになりました。M＆Aは、衰退期を迎えた事業だけでなく、ベンチャー企業の買収も対象となっていて、起業家によっては、事業を立ち上げることを専門とするような例も現れています。

(9) アクセラレータプログラム

大企業とベンチャーとのマッチングで最近活用されているのがアクセラレータプログラムです。アイデアがあるけれども、販路がないベンチャーや、事業拡大資金に乏しいベンチャーに対して、大企業がそうしたリソースや資金を提供し、促成栽培を行うプログラムで、専門として取り扱う会社も現れました。

ポイント

新規事業への進出はいろいろな手立てを駆使して

033

未来マップを作る

新規事業を検討する際によく使われるのが未来マップです。かつてアイデア出しを行うのに脳細胞のネットワークイメージを活用した「マインドマップ」が使われたことがありました。

その手法を使って、未来のこと、新製品や新規事業の候補のアイデア出しを行って行くのが「未来マップ」です。

右図は、自動車関連の情報電子適用分野を検討した際の未来マップ例ですが、仮に現在自動車関連のみしか携わっていない場合、自動車を含め、自動車以外にも自社の情報電子技術が応用できる分野があるのではないかと、いろいろと適用分野の発想を広げていくことができます。

実際に中期経営計画や新規事業の検討に使ってもらっていますが、初めての人でも取り組みやすく、かついろいろと可能性のあるアイデアが出てきますからお勧めです。

以下に未来マップ作成上の留意点を挙げておきますので、これらに注意して進めてみてください。

(1) グループで行うこと

個人で取り組むと、煮詰まって手が止まってしまうことが多いので、グループ討議が行える4～5名のメンバーで行うことをお勧めします。

(2) 複数のグループで行うこと

テーマが同じでも、分類の仕方にいろいろなバリエーションがあり、その分類によって出るアイデアも異なってきます。そして、そのカテゴリー分けは、グループに参加するメンバーの意見に左右されるので、複数のグループを作って取り組むようにします。

(3) たくさん枝分かれさせること

アイデアはたくさん出した中からいいものを選んだ方がいいので、2段、3段、4段と枝分かれさせ、末端の数をなるべく多く出させます。目安としては、末端の数で50個以上が目標です。

(4) アナログな記載をすること

人間の脳は、アナログな発想をしますから、アナログな書き方の方がアイデア出しに向いています。大きな模造紙にポストイットを貼り付けながら行う等アナログなやり方をお勧めします。ただ、まとめる際はデータとして残った方がいいので、Excelやパワーポイントの形でデジタルデータ化します。

(5) 有望そうなアイデアをアイデアシートに記載する

未来マップに書いた段階では、単語やフレーズなので、その中で有望そうなものについて、別途後述するアイデアシートに記述して肉付けを行います。

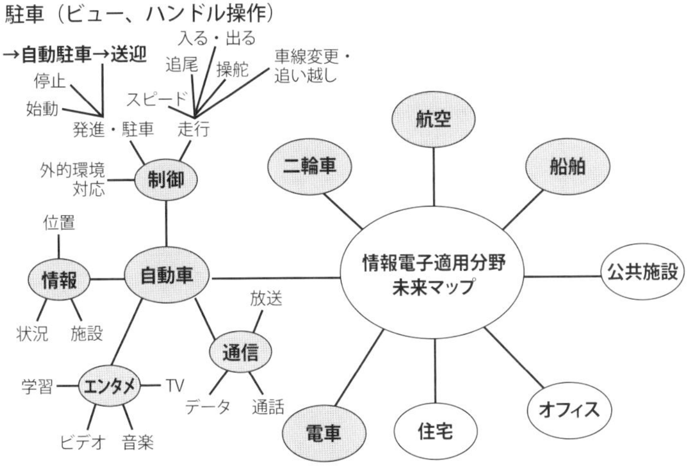

ポイント

未来マップでたくさんの新規事業候補を抽出する

034

アンゾフのマトリックスを活用して成長の種を探す

既存事業の拡大の方向性を検討したり、新規事業を検討したりするのに有効なのがアンゾフのマトリックスです。これは、イゴール・アンゾフによって数十年前に考案されたものです。

横軸に商品・サービス、縦軸に市場・顧客を取り、それぞれ既存商品・サービスと新商品・サービス、既存市場・既存顧客、新市場・新顧客というように二分し、マトリックスを作ります。

そしてまず既存市場・既存顧客と既存商品・サービスのセルに現在提供している商品・サービスを列挙します。この象限の部分を深堀していくのが「市場浸透」となり、既存ビジネスのシェア拡大や成長を図ることが可能な分野となります。

続いて、既存商品・サービスを新市場・新顧客に展開するのが「市場開拓」となります。この新市場・新顧客の解釈は、企業や事業によって異なってきます。国内中心に事業を行っている会社であれば、海外市場のことを指したり、国内でも新しい業界に進出することを指したりします。この新市場・新顧客をどのように定義するかは、社内や事業部内で意思統一を図れば良いと思います。

3つ目は、既存市場・既存顧客に対して新商品・サービスを提供することを検討する象限です。これを「新商品・サービス開発」といいます。既存のマーケットやお客様に対してこれまでにない新商品やサービスを提供することを検討します。対象顧客のイメージがつきますから、そのニーズに応える製品やこちらから提案可能な新しいサービスなどが対象となります。

4つ目は、右上の新市場・新顧客に対して新商品・サービスを提供する象限です。ここの部分を「多角化」といいます。この多角化の部分を検討する際には、3通りの方法があります。①市場開拓のセルで検討したものについて、さらにもう一段新しい商品やサービスを提供することを検討する方法と、②新商品・サービス開発のセルで検討したものをさらに新しい市場や顧客に展開することを検討する方法、そして③それらとは無関係に、飛び地に進出することを検討する方法です。

多角化はこれまで、失敗しやすいと言われてきたのですが、近年ではＭ＆Ａを使って進出する企業が増えています。

先の未来マップで出てきたネタをこのマトリックスにプロットする方法もありますし、アンゾフのマトリックスそのもので既存事業の成長の方向性を探ったりすることもできます。

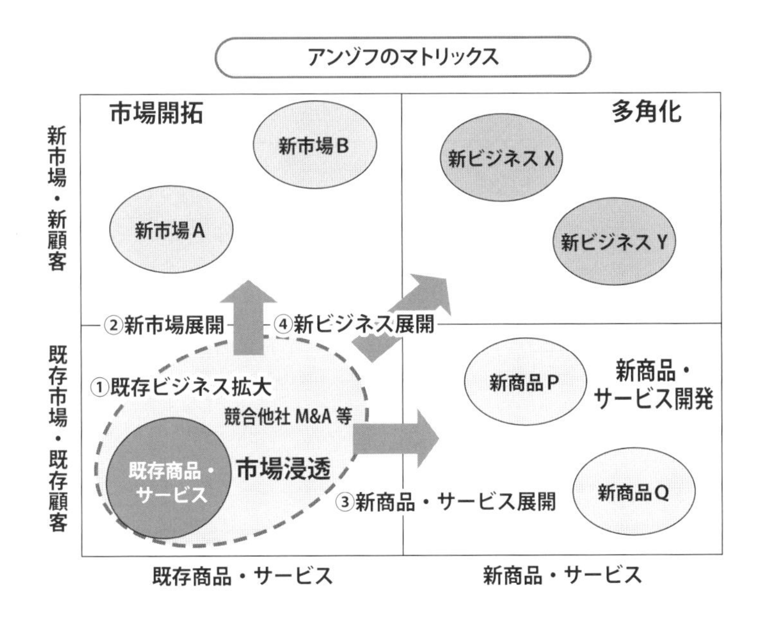

ポイント

アンゾフのマトリックスで既存事業や新規事業の方向性を検討する

035

新規事業は、ネーミングとイメージが重要

新商品・新規事業は、未来マップやアンゾフのマトリックス等を使ってアイデア創出しますが、出したアイデアを他の人に分かってもらいやすくするためには、ネーミングとイメージが重要になります。

(1) 分かりやすいネーミング

人は新しいものの名前を聞いた際には、それがどのようなものか頭の中で想像しようとしますから、名前を聞いてイメージが湧いてきたり、どんなメリットがあるのかが伝わったりするようなネーミングが望ましいといえます。

そうしたネーミングでいつもユニークさを感じさせられるのが小林製薬です。筆者が愛用している製品に「コムレケア」という錠剤があります。寝ている間に足がつった際等に服用すると、その場ですぐに治まり、安眠できる薬です。こむら返りに効くのでコムレケアといいます。非常に分かりやすいネーミングですね。この薬、実際には、「芍薬甘草湯」という漢方薬なのですが、それを錠剤にして飲みやすくしています。ただ普通に「芍薬甘草湯～こむら返りに効きます～」としていると、特段小林製薬のオリジナリティは感じませんが、「コムレケア」というネーミングで何か独自の商品であるかのように伝わってきます。

この他にも、小林製薬はユニークなネーミングのものをたくさん出しています。薬などの場合は、その原材料名を示すよりも効用、薬効をうたった方が効果的ですね。

ネーミングでのポイントは、以下のようになります。

①「名は体を表す」

商品・サービスの特徴が伝わるような名前を付けます。「らくらくスマホ」等は操作が簡単なスマートフォンであることが分かります。

②印象に残る／覚えやすい

人に話したりする際には、その名前を憶えていなければならないので、印象に残ったり、覚えやすい名前である必要があります。「カビキラー」等は覚えやすいですよね。CMで名前を聞いて、そのままお店で「カビキラーありますか」と言えそうです。

③言いやすい

長い名前や言いづらい名前は呼ぶのが面倒になってしまいますから、言いやすい方がいいですね。「ウコンの力」等は言いやすいですね。知っている単語を２つくっ付けただけです。

④他と区別できる

他にもあるような名前だと、こんがらがって区別が付きにくくなりますから、他と区別しやすい名前がいいですね。

明治の「R－1」はヨーグルト製品がいっぱいある中で、乳酸菌の名前を付けたものですからユニークになります。

(2) イメージ図でパッと見て分かる

名前だけでイメージが湧くのであれば問題ありませんが、少し込み入った商品やサービスの場合には、それがどのようなものなのかをパッケージやパンフレット等で表現する必要があります。その際に効果的なのはイメージ図です。

例えば次図は、酒発酵エキスを浸み込ませたフェイスマスクなのですが、酒のイメージとフェイスマスクのイメージが伝わるようにしています。

初期段階では、こうした手書きでもいいので、見てもらってイメージの伝わる表現をすると良いでしょう。

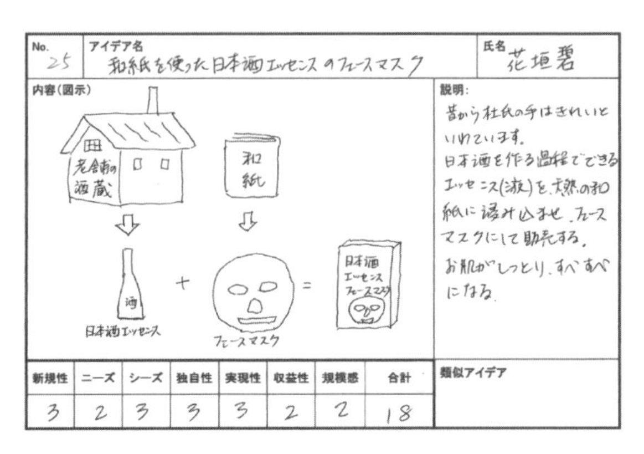

No. 25
アイデア名　和紙を使った日本酒エッセンスのフェースマスク
氏名　花垣碧

内容（図示）

説明：
昔から杜氏の手はきれいといわれています。
日本酒を作る過程でできるエッセンス(液)を、天然の和紙に染み込ませ、フェースマスクにして販売する。
お肌がしっとり、すべすべになる。

新規性	ニーズ	シーズ	独自性	実現性	収益性	規模感	合計
3	2	3	3	3	2	2	18

類似アイデア

一般にイメージの伝え方には、以下の手段があります。

①写真

人物や動植物、製品、建築物、観光地等はその写真を紹介することでイメージが伝わりやすくなります。ただ、写真を使う場合に気を付けたいのが、写真の中にこちらが伝えたいものと別ののが写り込んでいたりすると、別の印象やイメージを持たれるリスクがあるということです。例えば、美しい公園を表現したいのに、ゴミが落ちているのが写っていたりするとがっかりですね。このように本来伝えたいことと違ったことが伝わってしまっては本末転倒なので、写真は要注意です。最近は、トリミングや加工等も比較的簡単にできるようになっていますので、扱いやすくなりました。

②イラスト（含むクリップアート）

イラストは、写真と違い、必要なことだけを抜き出して描いてあるので、イメージに合ったものであれば効果的です。ただイラストを自分で描ける人は少ないでしょうから、Web上にあるもの等から利用することが多いと思いますが、こちらが伝えたいイメージとは合致しないケースもあるので要注意です。日本人を対象にしたサービスのことを言いたいのに、外国人のイラストを使う等がその例です。また、バスを使ったサービスを表現するのに、米国のスクールバスのイラストを使ったりすると、日本のサービスでないような印象を与えます。

③コンセプトチャート

円や四角、矢印などの図形を使って作成した概念図をコンセプトチャートといいます。例えば、ピラミッド型の三角形を使って、顧客の年収別階層を表現する等はよく使われる図です。

コンセプトチャートは、概念や仕組みを表すのに効果的で、よくパワーポイントの資料等で使われますが、伝えたい概念や仕組みと合っていないと、かえって伝わりにくいものになってしまうので、注意したいところです。

④図表

グラフや表等を総称して図表といいます。書籍などでも「図解」が流行っていますが、表の場合は、表の上部（表頭）と表の脇（表側）をどのようにするか工夫が必要です。例えば、新商品であるA商品を既存のB商品と比べる場合には、AとBを表頭に持ってきて、対比する特性を表側に持ってきた方が分かりやすくなります。

またグラフの場合は、円グラフは比率を表すのに向いていて、折れ線グラフは推移を表すのに適していて、内訳の変化を表すには内訳のある棒グラフが適しています。

このようにイメージを伝える手立てはいろいろありますから、パッと見て分かってもらえるような表現を心掛けましょう。

ポイント

新商品・新規事業はネーミングとイメージ図で伝わりやすく

036

新規事業は、STPで顧客のニーズを明確化する

マーケティングでは、以下の四つの問いに答えられるようにマーケティング要素を具体化する必要があると言われています。

1.売れるか、2.作れるか、3.勝てるか、4.儲かるか。これら4つの問いにすべてYesと答えられれば、売れる可能性が高いということになります。この項では1.売れるかについてみていきます。

まず、売れるかどうかは、顧客ニーズに合ったものかが重要なのでSTPで具体化します。STPというのは、Segmentation, Targeting, Positioningの頭文字を取ったものです。それぞれについて見てみます。

（1）顧客セグメンテーション（Segmentation）

ユーザー像を明確にするために行うのがセグメンテーションです。セグメンテーションというのは、市場（マーケット）を切る切り口のことを指します。

その切り口には、地域区分によるもの（これをジオグラフィック・セグメンテーションといいます）や職業、年齢、世帯構成、性別、年収等人口動態的に捉えられるもの（デモグラフィック）と、エコ重視、都会派など心理的な属性に基づくもの（サイコグラフィック）とブランド志向やロイヤリティ、価格や販促に対する反応に基づくもの（ビヘイビアル）等いくつかのものがあり、その新商品・サービスに合った切り口を選ぶ必要があります。

また、B2Bビジネスの場合は、業種や企業規模、立地特性、購買方針、業務特性等の変数を利用します。

例えば、植物工場で作った野菜をレストランチェーンに供給するようなケースでは、そのチェーンの展開地域、提供メニュー、

価格帯、購買方針等が影響を与えるでしょう。

(2) 顧客のターゲティング（Targeting）

セグメンテーションで市場を切り分けることができたら、次はターゲット顧客を定めることです。ターゲット顧客を定義する際に重要になるのが、以下の4つのRで示されるポイントです。

・Realistic Scale（規模の有効性）……ビジネスは利益を出すためにある程度以上の売上が必要です。また成長していくためにも一定以上の市場規模が必要です。たまに、いい商品なのですが、特殊過ぎて購買層が少なすぎるというケースがあります。

・Rank（優先順位）……顧客層を広げていく際に、順序付けを行う必要があり、その順序付けに使えることです。最初のターゲット層、次の層はどこかということです。

・Reach（到達可能性）……マーケティング活動を行う上で、ターゲット顧客にリーチ（到達）できなければ売れません。たとえTVCMで商品・サービスを知ってもらうことができても、そのお客様が購入できるような場所に置いていなければ売れません。よくターゲット顧客を定義はするものの、「そのお客様にどうやってアプローチするのか？」と尋ねられて絶句する人がいます。

・Response（反応）……マーケティング活動を行う際に、顧客の反応が捉えられるようになっている必要があります。

(3) 位置づけ（Positioning）を明確化する

ポジショニングでよく使用するのが、ポジショニングマップというもので、縦横2軸に切って、その中での自社製品・サービスの位置づけを決めるというものです（次図参照）。この例では、横軸が自然派志向が強いか弱いか、縦軸がブランド志向が強いか弱いかとなっていて、それに対して大手ブランド化粧品はブランド志向が強いが、自然派志向は強くなく、自然派ブランド化粧品は、ブランド・自然派志向共に強いとなります。これに対して、この新規事業では、最初からブランドはないので、自然派志向が強いが、さほどブランドは気にしない層をターゲットにしようというポジショニングをしています。

ポジショニングで重要になるのが、他の類似または競合との違いです。違いが少ない場合は、差別化しにくくなるので、ニーズに対応した違いが明確にでるように知覚マップを描き、位置づけを検討していきます。

通常、位置づけの中でもっとも重要になる要素が価格変数です。どんなものにも安い方がいいという人たちはいますし、高くてもモノが良いものの方がいいという人たちもいます。位置づけを行う際には価格面での違いにも留意した方がいいでしょう。

(4) ニーズとウォンツ

ニーズと似た言葉にウォンツがあります。両者の関係は、ニーズは目的系なのに対して、ウォンツは手段系に属します。例えば、「喉が渇いたのでお茶を飲みたい」はニーズで、「ペットボトルのお茶を買いたい」はウォンツに当たるということです。

お客様は、とかく自分で手段を考えて、ウォンツを口にするこ

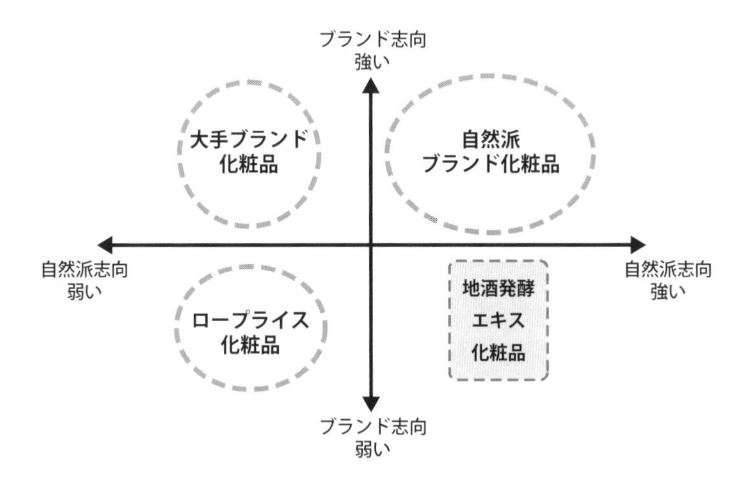

とが多いですが、それに応えるのも一法ではあるものの、その裏に隠れた真のニーズを探り当てることの方がもっと重要です。特にB2Bビジネスでは、直接お客様のニーズを聞く機会があるので、「○○が欲しい」というウォンツだけ聞いて「はい、そうですか。」と帰って来るのではなく、「ところで、なぜ○○が必要なのですか？」とその裏にあるニーズを聞き出す必要があります。問題解決型のソリューション営業というのは、そのように行います。

(5) ニーズのカテゴリー

ニーズには、より便利に、より安く、より快適に、より速く、より便利に等、人間の欲求に基づいたいろいろなものがあります。一般に世の中の製品・サービスは、より良くなればより高くなるというようにニーズ同士がトレードオフの関係になることが多いので、新製品・サービスを検討する際には、そのトレードオフ関係を打ち破ったようなものを出すとヒットすることが多いです。ユニクロの製品にはそうしたものが多いですね（モノが良いのに安い等）。

(6) 顕在ニーズと潜在ニーズ

ニーズにも、顕在ニーズと潜在ニーズとがあります。顕在ニーズとは、すでにそのニーズが表立って現れているということで、例えば、夏場でも蒸れないマスクが欲しいとか、冬場でも寒くない下着が欲しいとかいうものです。それに対して潜在ニーズというのは、まだ表立って出てはいないが、そういう商品が出てくると、実は欲しかったというようなものです。Web会議システムZoomのバーチャル背景などはその例ではないでしょうか。（潜在ニーズのことをウォンツと呼ぶ呼び方もあります）

ポイント

ターゲット顧客はSTPで具体化し、そのニーズを掴む

037

新規事業はサプライヤーとそのシーズの裏取りを行う

マーケティングの四つの問いの2つ目は、2.作れるかです。この項は、作れるかについて見ていきます。

製品・サービスは、どんなものも自社だけでは作れませんので、必ずサプライヤーまたはパートナー企業が必要です。

(1) メーカーのサプライヤー

メーカー（製造業）のサプライヤーには、原材料メーカーや部品メーカー、ライン等機械の設備メーカー、エネルギー等のインフラ供給会社（電力・ガス・水道事業者）がありますが、新製品・サービスを成り立たせるために必要なサプライヤーとそのシーズを具体化し、取引見込み先の当てを付ける必要があります。

(2) 小売業のサプライヤー

小売業のサプライヤーには、商品の仕入先、加工業者、包装資材メーカー、店舗什器メーカー、レジ等の会計機器メーカー、物流企業等があります。近年は、単品管理等のきめ細かな管理が必要になってきていますから、情報システム会社も重要なパートナー企業の一つといえます。またクレジット決済やICカード決済、QRコード決済等様々な決済方法に対応するために決済企業もパートナー企業となりえます。

(3) サービス業のサプライヤー

サービス業、例えば情報システムサービス会社を例にとると、サプライヤーは、ハードウェアメーカーやソフトウェアメーカーだけでなく、不足する人的リソースを補うために、パートナー企業が重要なサプライヤーとなっています。多くの情報システム会社が自社の社員と同数かそれ以上のパートナー社員の協力を得ているのが日本の現状です。

(4) サプライヤーのシーズ

シーズとは種のことですが、サプライヤーがどのような強みを持っているのか、自社と補完関係にあるのか、商品・サービスを成り立たせるのに必要なシーズなのか、継続的な調達が行えるのか等をよく検討してサプライヤー選びを行う必要があります。

(5) キャパシティの調整弁

情報システム会社の例でみたように、通称ビジネスパートナー（BP）と呼ばれるパートナー企業は、自社キャパシティ（供給能力）の調整弁的な役割も担っています。繁忙期には、多くのパートナー社員を使ってたくさんの仕事をこなし、閑散期にはパートナー数を減らして、自社社員中心に作業を行う等がその例です。

小売業などでも、自社物流が主体の企業でも、オーバフローすれば他の物流企業や外部倉庫を使う等協力先を活用しているケースもあります。

(6) 競合先か協力先か

パートナー企業は、一見競合先となりうるような例もあります。例えば、自動車メーカーの中には、自社のラインナップに軽自動車がないために、軽自動車を製造する競合他社からOEM供給を受けているようなケースがあります。

このように、競合他社も場合によってはパートナー企業ともなりうるものなので、ふだんから敵対的にならないように、いざとなったら手を結べる関係を構築しておくことが必要です。

新規事業のケースでも、競合先としてインタビューに行った先から逆に提携の提案が持ち込まれて、結果として提携によって新規事業が始まったことがありました。

ポイント

必要なサプライヤーとそのシーズの当てをつける

038

新規事業はトライアルで実現可能性の裏付けを取る

新製品や新規事業は、新しいものであるがゆえに、それが実現可能なものかどうか不確かです。ですから、話だけではなかなか通りません。このため承認を得たり、人を説得したりするためにトライアルを行うことをお勧めします。

トライアルの方法にはいろいろなケースがあります。

(1) 技術に関するもの

新しい技術を提案するような場合には、技術的に実現可能かどうかを確認する実験を行うという方法があります。例えば、真夏の歩道の温度を下げるために放熱・冷却効果の高いブロックを提案した例では、その技術で試作品を作成してもらい、高温で放熱・冷却効果が高いかどうかの実験を行ってもらいました。理論的には実現可能と思われることも、現実にはいろいろな制約があったりするので、技術的に詳しい人ほどなかなか信用してもらえません。ですから、しかるべき条件下で実験を行ったのです。その結果、確かにマイナス20°Cの効果があることが確認でき、自信を持って提言することができました。

(2) 製品・サービスに関するもの

製品・サービスに関するものの場合は、まずターゲット顧客に、新しい製品・サービスを説明し、そういうものがあったら欲しいかどうかをインタビューで確認します。そしてその相手から「確かにそういうものあったら欲しいよ」と言ってもらえるかどうか確認します。そしてできれば、「いくらだったら買うか」という値頃感まで尋ねます。

その上で、欲しいという潜在顧客がどの程度いるかアンケート調査を行います。アンケート結果を盲目的に信じてはいけませんが、何もデータがないよりは一つの参考値として使えますから、まずはデータを取って、ざっくりとした感触を掴みます。

アンケート結果から、一定程度のボリュームで顧客がいそうであれば、製品を試作してみます。そして、試作した製品に対する感想を聞きます。

(3) サプライヤーに関するもの

サプライヤーについては、何か物を製作する場合、その部品や原材料の提供者となる場合や、梱包材の提供会社となる場合、保管したり、輸送してくれたりする場合などが考えられます。サプライヤーのトライアルは、実際に部材を購入するとか、梱包するとか、運んでみるなどのトライアルを行ってみます。

(4) 顧客に関するもの

顧客に関するものは、ターゲット顧客に試しに使ってもらう等のことをします。ただし、B2Bで顧客数が少ない場合、本命には製品の完成度を高めてから試してもらったほうがいいでしょう。

マーケティングの4つの問いの3.と4.については後述します。

分類	トライアル項目例
要素技術	材料・部品の試作・実験
製品・サービス	新製品・サービス案に関するインタビュー
	新製品・サービス案に関するアンケート調査
	製品の試作
	サービスのトライアル実施
サプライヤー	原材料・部品サプライヤーによる試作
	梱包・輸送方法のトライアル
顧客	ターゲット顧客による試用
	ターゲット顧客によるベータ版試用

ポイント

新規事業はトライアルを行い、仮説検証する

ビジョン・目標を設定する（V1・2・4）

この章は、ビジョン・戦略立案フレームワークの「ビジョン設定パート」について説明します。

039

MVVと企業理念との関係を理解する(V1)

最近日本企業でもMVVという言葉を使い始めました。MVVとは、Mission、Vision、Valueの頭文字を取った言葉で、Missionとは使命のこと、Visionとはビジョンのこと、Valueとは価値観のことを指し、会社・組織として大切にしているものをいいます。外資系の企業が理念・ビジョンのことを指す時に使う言葉です。

もともと日本語にある言葉では、古くは社是社訓や企業理念、経営理念と似ていますが、相互の関係は、次表のようになります。

通常、企業理念には、①存在意義・使命、②経営の姿勢、③行動規範の3要素が入ると言われていますから、それぞれの要素との関係を捉えると分かりやすくなると思います。

Missionは、企業理念の一つ目の要素である存在意義に相当します。この会社・組織は何のためにあるか、存在するかということを定義しています。

Visionは、企業理念の3要素ではなく、いわゆる経営ビジョンと同じものを指しています。ビジョンという言葉が、日本語でもカタカナで表記されるのは、日本語にぴったりとした言葉がないからでしょう。あえて言えば、望ましい将来像とかあるべき姿等と言えます。

Valueは、価値観で、経営上重視する価値観と従業員の心構えとして重視する価値観とに分けて考えることができます。そして前者の経営上重視する価値観が、企業理念の2番目の要素である「経営の姿勢」となり、後者の従業員の心構えが「行動規範」となります。

このほか外来の言葉には、Corporate Slogan＝企業スローガンやCSR Guideline＝企業市民憲章等があります。

古い言い方の社是は存在意義に近く、社訓は経営の姿勢に近いと言えるでしょう。

こうした呼び名は、特にルールがあるわけではないので企業ごとに、基本理念や社憲、綱領等いろいろな呼び方をしています。

無理やり揃える必要はありませんが、自社で使われているものが、何に相当するのかという理解を深めておくと良いでしょう。

Visionは将来のことなので、時代の変化とともに変わる可能性がありますが、MissionやValueに相当する部分は、価値観なので、多少の年月を経てもそうそうは変わりません。日本企業の中には、古くからの社是や綱領を維持し続けている会社があります。

従来の呼び名を継続して使っても構いませんが、海外に出て行った際には翻訳が求められますから、英語で何と呼ぶかは決めておいた方がいいでしょう。

<table>
<tr><th colspan="2">欧米企業の用語</th><th>意味</th><th>日本語表現</th><th>対応関係</th></tr>
<tr><td rowspan="4">MVV
（Corporate Statement等として発表されることがある）</td><td>Mission</td><td>使命、ミッション</td><td>存在意義</td><td>企業理念の要素１
社是はこれに近い</td></tr>
<tr><td>Vision</td><td>ビジョン・実現したい将来像</td><td>経営ビジョン</td><td>ほぼ同義</td></tr>
<tr><td rowspan="2">Value</td><td rowspan="2">価値観（法人としてと個人としての両方を含む）</td><td>経営の姿勢</td><td>企業理念の要素２
社訓はこれに近い</td></tr>
<tr><td>行動規範</td><td>企業理念の要素３
社訓の中には、この要素が入ることも</td></tr>
<tr><td colspan="2">Corporate Slogan</td><td>自社が何屋であるかの定義</td><td>企業スローガン</td><td>ドメインコンセプトと類義</td></tr>
<tr><td colspan="2">CSR Guideline</td><td>企業市民としての考え方・取組み</td><td>企業市民憲章（CSRガイドラインとも）</td><td>利害関係者別行動指針（倫理・遵法、環境、社会・人権等）</td></tr>
</table>

ポイント

MVVは、会社経営・組織運営の基礎

040

理念は浸透策を図る（V1）

20年ほど前にジェームズ・コリンズらにより『ビジョナリー・カンパニー』という本が出され、時代を超えて繁栄を続ける会社の共通点は、基本理念を大切にしているということだという研究結果が示されました。

これは、理念の大切さを物語るものですが、日本の企業では、企業理念を大切にしている会社とそうでない会社とが見受けられます。多いのは、理念というと、額やホームページに掲げられているけれども社員からは忘れられているケースです。

その原因は、「26.日本的組織「タテ社会」の特徴を押さえて対処せよ」でも述べたように日本社会は基本的に人治主義であり、トップの意向に従うことを良しとしていて、グランド・ルールのようなものを軽視する傾向があるからです。その時その時で見ると、一番偉い人の言う事を聞いていればいいわけです。

ただし、そうすると、その時々の経営者の考え方によって経営方針が左右にぶれるので、長い目で見ると方向性が定まらず、会社が衰退する可能性があるということです。特に、実力経営者が、会長職にとどまり、自分の言うことを聞く人を社長に据えるようなことをすると人治主義の傾向が一層強まり、さらに自己保身に走ると、やがて会社が傾くわけです。

このため、経営上の基本的な考え方を定め、その考え方に則って経営や組織運営を行う必要があり、そのためには、理念の浸透を図る必要があります。

理念の浸透度合いには、「レベル1.知っている」から「レベル2.意味を理解している」「レベル3.イメージが浮かぶ」「レベル

4.共感する」までありますが、通常行われているような、理念をカードにして配布する、理念の言葉に説明を加える、定期的に唱和するといった方法では、「レベル2.意味を理解している」までしか上がりません。

「レベル3. イメージが湧く」、さらに本来望ましい「レベル4.共感する」、または「共感した行動を取るようになる」には、別の施策が必要です。

それを実際に行っているのが、京セラや稲盛和夫さんが入って立て直しをしたJAL等です。JALでは、京セラフィロソフィーをもとにJALフィロソフィーを作り、定期的に社員を集め、理念研修を行っています。この理念研修の際に行われているが、社員の理念のキーワードに基づいた行いや体験を語り合うということです。

理念の言葉は、「お客様第一義」とか、「信用第一」等一見抽象的な表現が多いため、社員の人たちには、それがどのような時にどのような考え方をし、どのような行動をとることが良いことなのかが理解できません。ですから、自分たちなりに「お客様第一義」とはこういうことを言うのではなのかとか、「信用第一」とはこのような行動を指すのではないのか等、実際の思考と行動に当てはめて考えてもらうと良いわけです。

こうした活動は、国内での理念の浸透に役立つだけでなく、海外のローコンテキスト社会においてはさらに有効です。海外の人たちは、もともと日本とは異なる文化を前提としているわけですから、日本の会社の価値観を伝えようとしたら、日本以上の取り組みが必要になるわけです。あわせて、日本の取り組みで出てきたエピソードなどを海外で紹介することも有効でしょう。海外で出てきたものを国内に逆輸入することもあり得ます。

ポイント

理念は、それを体現した話を語り合い浸透させる

041

ビジョンはイメージ可能性と共感性が重要（V2）

ビジネスでそもそもビジョンが必要かという議論があります。ある程度先が読める時代や、会社の将来像が延長線上に見えるような場合にはなくても済みますが、先読みがしにくい時代や大きく変わらなければならない状況の場合には、将来像としてのビジョンが必要となります。

そうした際にビジョンがないと、暗闇の中を手探りで進むような格好になり、不安で一杯のため進む足取りが遅くなります。一方、たとえ周りが暗くても、進むべき先に明かりが灯り、その先に向かってうっすらと道が浮かび上がっていれば、安心して足早に前に進むことができます。本来経営ビジョンとはそうした役割を果たすべきものです。

ただ、会社のホームページに掲載されている経営ビジョンを見ると、「○○業界のエクセレントカンパニーを目指す」とか、「○○のイノベーターを目指す」等抽象的な表現が多いです。こうした抽象的な表現では、幹部や社員に進むべき方向を示す役割を果たせません。お飾りのビジョンでよければ、それでも良いのですが、本気で実現したいのであれば、次にいう優れたビジョンの条件に当てはまるようにビジョン設定を行う必要があります。

企業変革論のジョン・P.コッターは、その主著『企業変革力』の中で、優れたビジョンの条件を6つ挙げています。

その第1が、将来のイメージが明確であることです。先ほど、夜道の話をしましたが、ビジョンは、暗い夜道の先の灯、船で言えば灯台の役割を果たさなければなりません。そしてここでいう将来のイメージというのは、その将来像が実現したらどのようになっているかという実現状態のことを指します。ですから、先のエクセレントカンパニーであれば、そうなれたらどんな状態になっているかということを示せている必要があるのです。ただ単に、何となくとても良い会社ということでは、実現イメージが湧きませんので、ビジョンとしての求心力は持てません。

第2は、関係者とWin-Winの関係になれることです。

これは、会社には様々な利害関係者がいますが、示したビジョンがそれら利害関係者から歓迎されるものでないといけないということです。これを共感性と呼びます。顧客や株主、取引先、従業員とその家族、その他自社と関わる様々な利害関係者から共感し、支持されるような将来像を示す必要があるわけです。

これ以外に、「第3.十分な実現性を持っていること」「第4.明確なアクションプランがあること」等がありますが、まずは上記の二つが最も重要な優れたビジョンの条件ということです。

(1) 将来のイメージが明確であること（イメージ可能性）

(2) 関係者とWin - Winの関係になれること（共感性）

(3) 十分な実現性を持っていること

(4) ビジョン達成に向けた明確なアクションプランがあること

(5) 適度な柔軟性があること

(6) シンプルであること・分かりやすいこと

出典：「企業変革力」ジョン・P. コッター著、梅津 祐良訳　日経BP社

ポイント

優れたビジョンの条件に該当するビジョン設定をする

042

ビジョン・ストーリーでイメージと共感性を持たせる(V2)

ジョンPコッターの言うところの優れたビジョンの条件に当てはまるようなビジョンにするために、筆者が10年以上前から取り組んでいる手法にビジョン・ストーリーがあります。

一般的なキーワードによるビジョン設定が概念的・抽象的なものになりがちなのに対して、具体的な将来像をその場にいるような描写で表現するので、イメージが湧く、共感できると好評です。

(1) ビジョン・ストーリーとは

5年後、3年後など特定の将来時点で会社や組織、個人がどのようになっていたいかを、短いストーリー形式で表現するものです。一話A4サイズ1枚以内程度の長さで、参加者が、ストーリー作りのファシリテーションを受けながら、会社や組織のいろいろ場面を生き生きと描写します。

実在の登場人物が会話を交わしたり、何か新しいことに取り組んだり、何かを成し遂げたりすることで、その結果・成果をみんなで喜び合ったり、称え合ったりする場面が描かれます。

たとえ現在が厳しい、苦しい状況に置かれていても、将来はこうなりたいと希望や夢を語ることで、参加者の共感が生まれます。

また、その将来像に至る工夫や努力についても語られるので、単なる夢物語ではなく、「ひょっとして実現可能ではないか?」と錯覚するほどです。書いた本人も物語に登場したりするので、本人によるその夢の実現意欲が高まります。

(2) ビジョン・ストーリーの作り方

①予めビジョンのキーワード設定などを行っておきます。

②ビジョン・ストーリー作りの参加者が集合し、ファシリテー

ターの指導のもと、脱抑制状態となり、望ましい将来を想像しながら、その状態をフレーズに表します。

③そのフレーズを整理した上で、担当を決め、ファシリテーター指導の下でストーリー作りを行います。

④出来上がったストーリーを参加者で共有し、必要に応じて手直しを加え完成させます。

⑤ストーリーを集め、ストーリー集を作り、関係者で共有します。冊子やマンガ、朗読録音等いろいろな媒体を使います。

作成されたストーリー例は、オフィス井口のホームページで紹介していますので、関心のある方はご覧になってください。

(3) ビジョン・ストーリーの効果

将来像が明確になることで、メンバー、社員のモチベーションが高まります。特に若い社員の共感度が高く、エンゲージメントを高めるのに効果的です。作成した本人や共感者の実現意欲が高まり、実際にそのビジョンを実現する人が現れます。

項　目	ビジョン・ストーリー	一般的な将来像設定
1．具体性	ストーリーで場面を描くので具体的イメージが浮かぶ **（実感が湧く）**	コンセプト表現中心で抽象的になりがち イメージが浮かばない **（概念的）**
2．印象・記憶	物語の場面が強く印象に残り、いつまでも忘れない **（ああ、あれね！）**	聞いた時は覚えているが、じきに忘れて思い出せない **（なんだっけ？）**
3．共感性	自分を含め身近な登場人物が出てくるため、共感性が高い **（当事者意識：自分たちのこと）**	自分とは関係がないことと思われがち **（部外者意識：だれか他の人のこと）**
4．本音／建前	本音を取り込むため、本音度合いが高い **（実はそう思っていたんだ）**	建前中心になりがち **（理想論だよ）**
5．実現意欲	論理性だけでなく、情緒性にも訴えるため、実現意欲が湧く **（こうなりたいよね）**	論理性が強く、頭で理解はできるが、心から実現意欲は湧きにくい **（できたらいいけどね）**

ポイント

将来イメージと共感性が湧くストーリーを作る

043

長期ビジョンと中期計画で時間軸のバランスを取る（V2）

事業計画には、短期のものと中期、そして長期という3通りがあります。短期は通常1年間を指し、年度予算等の形で扱われます。中期は3～5年で中期経営計画や中期事業計画等と呼ばれます。長期は5年以上で、最長30年位先まであり得ます。

よく「先を見た経営が必要」とか、「経営には先見性が必要」と言われますが、このVUCAの時代、どれくらい先読みできるか定かではありませんが、先のことを考えた経営が必要なことは言うまでもないでしょう。

では、短期、中期、長期のうち、どのあたりまで先を考えた経営を行ったらいいのでしょうか？よく1年先がどうなるか分からないのに、中期経営計画は立てられないとか、10年先の事など見当がつかない等と言われます。

前に見たように、私たち人間は現状延長型で物事を捉えようとし、環境変化を予測しようとします。ただ経営計画・事業計画は予想・予測という側面と目標という側面とをあわせ持っています。

短期、中期、長期ではこの予想・予測と目標の割合が異なると捉えた方が良いでしょう。

短期の1年は、予想・予測の割合が一般に7割～8割ぐらいを占めます。「今期見通し」と呼んだりするのは、この予想・予測の割合が高いことを示しています。ただ短期でも、今年度はこれこれのことをやろうと一定程度の目標を折り込んでいますから、目標の割合も少しあります。

一方3～5年の中期では、予想・予測の割合が減り、目標の割合が高くなってきます。将来見通しがつかなくて中期経営計画が立てられないというのは、予想・予測を中心に置いているため、そうなってしまうのです。そうではなく、一定の環境変化の前提のもと、どうなりたいのかという目標を定めると捉えれば、中期経営計画が立てられることになります。ですから、現状延長型のフォーキャスティング発想で中期経営計画を立てようとするのではなく、バックキャスティング発想で目標という意味合いを持たせた中期経営計画を立てればいいのです。

長期になると、予想・予測の割合がさらに下がり、環境変化については、共通トレンドのようなものしか当てが付かなくなります。そうした中でどのような会社を目指したいのかという目指す姿、目標という意味合いがさらに強くなります。

このため、長期の場合は長期計画というよりは、長期ビジョンという形での打ち出しの方が向いていると言えます。

長期と中期の関係については、中期経営計画を現状延長型にしてしまわないために、先に長期ビジョンを設定し、そこから中期目標に引き戻してくるというバックキャスティング発想となるような関係づけをすると良いでしょう。

経営計画	予想・予測	目標
予算・年度計画	70～80%	20～30%
中期経営計画	30～40%	60～70%
長期ビジョン	10～20%	80～90%

ポイント

長期ビジョン、中期経営計画、年度の予算の３本立て

044

目標は低すぎず、高すぎず（V4）

事業計画を立てる時の目標設定には頭を悩まされます。高すぎると達成不可能な感じがしてきますし、低いと安心できますが、その程度でいいのかという疑問も湧いてきます。

目標設定の際には、以下の要素を考慮に入れると良いでしょう。

（1）利害関係者から求められる目標：ミニマムリクワイアメント

株主や出資者から求められる利益目標レベルというのがあります。最低限これはクリアしなければならないでしょう。

（2）現在の実力で達成可能な目標：実力値

現在持っているマンパワーや経営資源、ノウハウ等を考慮して達成可能な目標。これは達成可能なレベルですから、これより上を目指します。

（3）競争優位性を維持するための目標：競争優位性

市場の成長スピードよりも低い成長率を目標とした場合には、競合他社に対して相対的に劣後していきますから、時間が経つにつれ不利になります。ですから、通常は市場の成長性よりも少し上を狙います。

また、競合他社が強気に出てきたときは、様子見をし過ぎると手遅れになりかねないので、一定の対抗策を打ち出す必要があります。

（4）ビジョンとの整合性

経営ビジョンは定性目標、経営目標は定量目標というふうに言い換えられるように、経営ビジョンで掲げる将来の目指す姿と経営目標で掲げる定量目標とは、同じものを指している、すなわち整合性がとれている必要があります。

ただし長期ビジョンと中期経営目標という組み合わせの場合は、長期と中期という時間軸の差がありますから、同じものである必要はありません。

(5) 戦略での達成可能性

戦略を先に立てるか、目標を先に立てるかにもよりますが、最終的には、戦略を遂行して仮にうまくいったのであれば、その先の目標が達成できるようになっている必要があります。もちろん、戦略が思ったような成果を上げられず、目標未達に終わることもあり得ますが、計画立案段階では、戦略が成功すれば達成できるような目標になっている必要があります。

(6) マネージャーや社員のモチベーション

戦略の実行部隊は、現場ですから、現場のマネージャーや社員がやる気を出さないと、戦略遂行がうまく進みません。

一般に、ふつうの人は自分で目標設定する場合は、1割アップぐらいが身の丈に合った目標です。それが、3割アップとなると、「そんなの無理だ！」となって、最初から諦めてしまいます。

一方、何か一つ目標達成ができると、自信が湧いてきて、「できる感」が増してきます。

上に立つ人間は、こうした人の気持ちのあや、人間心理を読んで目標の打ち出しをする必要があります。

歴史上大きなことを成し遂げてきたリーダーたちは、皆高い目標を掲げて組織を引っ張ってきました。当初は無謀に思える高い目標も一つひとつ小さな目標を達成して積み上げていくと、組織の勝ちグセが出てきて、いつの間にか達成できるようになります。そうした、人の心のやる気や自信というものをうまく掴んで、より大きな目標達成ができるといいですね。

ポイント

目標設定はまずは高めに置いてみる

045

目標には意味・意義を込める（V4）

かつて業績不芳の会社に入って、テコ入れを指導した経験があります。その際に、組織の要であるマネージャーの人たちを集めて研修会を実施したのですが、面白い事に気づきました。

会社ですから、年間予算があり、各マネージャー及び担当グループに目標が割り当てられているのですが、個人別にみると目標達成度の高い人と低い人にはっきりと分かれていました。皆が高い人と同レベルに目標達成すれば、会社の予算も達成できるのですが、達成度の低い人たちが足を引っ張っていたのです。

そうした中で達成度の低い年配のある人に、「あなたの今年度の目標はいくらですか？」と訪ねたのですが、いきなり「ありません」という返事が返ってきました。こちらは、せいぜい「覚えていません」とか、「○○万円ですが、達成できそうにありません」というような返事を期待していたのですが、まったく当てが外れたので面くらいました。

しかし実際には会社から個人別に目標が割り当てられていますから、そのことを確認すると、「ノルマのことですか？」と聞き返されました。その人は、会社からの目標をノルマと捉えていたのです。その人の中では、ノルマならあるが、目標ならないということだったのです。

一方で、達成率の高い、若いマネージャーに同じように尋ねると、「去年の自分を超えることです！」という返事が返ってきました。ちゃんと自分としての目標を持っています。

このことから、会社や組織の予算をより小さな組織・グループに割り振っても、それを受け止める個人が目標とみなしていなければ、目標にはならないということに気が付きました。

ですから、組織内に目標をブレークダウンする際には、目標を持たせる人たちに、その目標の意味付け、意義付けを本人に行わせる必要があるということです。

日本の企業では、目標管理制度を取り入れている会社が多いです。目標管理制度は、英語でMBOといいます。Management By Objectivesの略ですが、これを提唱したのは経営学者のドラッカーです。ただ、少々誤解されている面もあるので、ドラッカーの考え方を押さえておきましょう。彼は、元々Management By Objectives and Self Controlと言っていて、これを直訳すると、目標と自己統制によるマネジメントということになります。日本で広く行われているMBOは、前半の部分だけ切り出して、人事部が個人に自己啓発的なものも含め好き勝手な目標設定をさせて、それでやる気を出させましょう的な捉えられ方をしている面があります。

本来はそうした意味合いではなく、自分で目標設定をし、その達成のために自分をコントロールして頑張っていけるような経営の仕方をしましょうということになります。

ドラッカーは、それだけ目標設定の重要性を訴えているわけですが、そうした趣旨がうまく伝わらず、形式的に運用されている面があります。

先ほどの会社の例でいえば、達成度の高い人のケースが、ドラッカーのいうMBOを実践していたといえます。

このように目標設定というのは重要なものですから、会社・組織の目標と個人の目標とをうまく繋ぐ仕組みを構築しておくことが重要になります。

ポイント

目標はノルマでなく、本人による意味・意義を込めて

第6章

事業戦略・マーケティング戦略を立案する（S）

この章では、3C分析やSWOT分析等を使った事業戦略及びマーケティング戦略の立案方法について説明します。

046

3C分析は孫子の兵法に通じる(S3)

ビジネス戦略の歴史はテイラーの科学的管理法以来およそ100年ありますが、戦略というからには、遠い昔から人類が続けてきた戦争、いくさの戦い方にヒントを得ています。

戦略を表すStrategyという言葉は、ギリシャ語のstrategosから来ていますが、古代ギリシャ（紀元前400年頃）の軍人クセノポンが用いたと言われています。

戦争にはいろいろな戦い方がありますが、その戦争の戦い方を説いた本が兵法書です。

古今東西で最も有名な兵法書は、孫武が書いたと言われる孫子の『兵法』で2,500年ほど前に書かれ、日本にも伝わり、戦国武将の武田信玄は「風林火山」を掲げる等、これを手本にしていました。

ヨーロッパでは、19世紀にクラウゼヴィッツが『戦争論』を表し、その考え方が主流となりましたが、その考え方に基づいて第一次世界大戦を起こしたドイツ皇帝ウィルヘルム2世は、敗戦後亡命した先で、孫子の兵法の訳書を渡されて読んだところ、「この本を事前に読んでいたら、あの戦争は起こさなかった」と述懐したと言われています。孫子の兵法の方が優れていたことを物語っていますね。かのナポレオン・ボナパルトも孫子の兵法を読んでいたそうです。

孫子の兵法のエッセンスと言えば、「彼を知り己を知れば百戦して殆うからず」（謀攻篇）や「百戦百勝は善の善なるものに非ず。戦わずして人の兵を屈するは善の善なるものなり」（謀攻篇）等です。ここで「彼」とは敵のことで、ビジネスで言えば、競合相手のことで、競合と自社をよくよく比べてから戦えば、負けるようなことはないと言っています。また、「百戦して……」のくだりは、むやみに戦えばいいものではなく、戦わずに相手を屈服させる方がいい作戦だと述べています。

これらをビジネスに応用して考えると、「彼を知り……」は、ビジネスの場合顧客を競合他社と奪い合うことになるので、競合他社のことだけでなく、市場や顧客のこともよく分かっている必要があるということになります。

これをビジネス戦略では、3C分析といいます。

（1）Customer（市場・顧客）

3C分析はCで語呂合わせをしているので、市場や顧客のことをCustomerとしています。

通常は、市場の成長性や発展段階、収益性、セグメント構成、顧客の特徴、顧客ニーズとその変化等について情報収集・分析します。具体的な考え方と方法は、STP分析や顧客ニーズについて述べた項を参考にしてください。

（2）Competitor（競合他社）

競合他社とその特徴、競合他社の強み・弱み、戦略の方向性等について情報収集・分析します。競合他社分析については、項を改めて解説します。

（3）Company（自社）

自社のことをCで語呂合わせをするために、Companyとしています。自社については、自社経営資源分析で触れた部分だけでなく、競合他社と対比する形で自社のマーケティング要素について分析する必要があります。

ポイント

3C分析はビジネス戦略立案の基本

047

自社のマーケティング要素の把握（S3）

3C分析での自社分析については、次のようなマーケティング要素について、次表を使って現状確認を行い、課題を抽出します。事業が複数ある場合は、事業毎に作成します。

(1) ターゲット顧客とニーズ

ターゲット顧客とニーズについての説明は、新規事業のSTPの項を参考に、現在の顧客とそのニーズについて記述します。顧客層が複数いる場合は、分けて記載します。

(2) 商品・価格

マーケティングの4Pのうち、商品・サービス（Product）及び価格（Price）について、その特徴や現状の問題点、競合との価格対比による優位性の有無等について検討します。

(3) ビジネスモデル

現在採用しているビジネスモデルとその課題について記述します。事業によってはビジネスモデルの要素を変えた方がいい場合や、他社が異なるビジネスモデルで競争を挑んできている場合など、その対処方法を検討する糸口となります。ビジネスモデルについてはビジネスモデルの項を参考にしてください。

(4) 販売方法・広告宣伝方法

この部分は、マーケティングの4Pのうちの、販売チャネル（Place）と広告・宣伝（Promotion）について、現在の販売方法の特徴とその課題について記述します。現在の売り方、広告宣伝方法でよいのか検討します。

(5) 競合・強み・弱み

この商品・サービスまたは事業での競合先をリストアップし、

競合先に対する自社の強みや弱みを記述します。競合分析は、別途より細かく情報収集して行います。

(6) 売上高・利益率・従業員数

これは、あとで他社と比較するために記述する項目ですが事業規模や収益性の善し悪し、抱える従業員数、体制等を記載します。

(7) 重要成功要因

重要成功要因とは、その事業で成功するために必要かつ重要な要素のことで、事業によって異なります。価格が重要なケースもあれば、販売力が重要なケース、商品力が重要なケース等事業毎に異なりますから、それが何かを把握します。後で競合との対比も行いますが、同じ業界にいても企業によって重要成功要因が異なることがありますから、まずは自社について確認を行います。

	内　容	現状と課題
会社名	恵那酒造	
ターゲット顧客	敏感肌の女性	
ニーズ	すべすべ肌になりたい	
商品	酒発酵エキス化粧品	
価格	1,200円～1,500円／月	
ビジネスモデル	委託生産・ネット通販	
販売方法	直販、オンラインショップ	
広告・宣伝方法	地元店頭、旅の口コミ、雑誌紹介、SNS口コミ	
競合	大手酒蔵製化粧品	
強み・弱み	強み：効果の研究成果あり 弱み：知名度不足	
売上高	1億円／年	
利益率	粗利益率○○％	
従業員数	スタート時2名体制～10名へ	
重要成功要因	老舗、効果、リピート、マスコミを通じた全国展開	

ポイント

自社のマーケティング要素を振り返る

048

競合と重要成功要因を掴む（S3）

事業別に自社のマーケティング要素を確認できたら、次は3Cの競合他社について、事業別に右のような表を作成し、その事業の重要成功要因を見直します。

項目は基本的に自社事業のマーケティング要素について分析した項目と同じ項目を使用します。ただB2CビジネスとB2Bビジネスでは若干項目名が違ってきます。B2Bでは、販売方法は営業方法となり、販売チャネルはルート等となります。

事業別に作成しますが、企業によっては営業所別に作成したりする例もあります。営業所ごとに競合先が異なったりするためです。

この一覧表を一人で埋められる人はなかなかいないので、皆で知っている情報を寄せ集めて作成します。そうすると、ジグソーパズルの絵面のように、情報が集まれば集まるほど、競合他社の特徴、ひいては自社の特徴が浮かび上がってきます。

情報が集まりにくいところについては、顧客に尋ねてみたり、こういう機会にダメもとで競合先に直接インタビューしたり、問い合わせしたりすることもチャレンジしてみましょう。筆者の経験では、他社は意外に会ってくれたり情報交換してくれたりします。向こうも情報を欲しがっているのかもしれません。

重要成功要因については、自社のものだけでなく、他社にとっての重要成功要因も考えてみます。そうすると他社の戦略の方向性や現在取っている戦術の理由等が見えてきたりします。まさに孫子の兵法に云う、「彼を知り己を知れば」になるわけです。戦国時代でも、敵からの使者の話を聞いて、敵情を把握していました。

現在競合と認識しているところが、将来提携先やＭ＆Ａ先に変わることもあり得ます。他社が苦しい時に手を差し伸べることによって将来友好な関係が構築できるかもしれません。

皆さんの会社では、毎月営業社員を集めてPDCA会議をやっているかと思いますが、今回のような情報について議論する機会は少ないのではないでしょうか？月々のPDCA会議で営業社員を問い詰めるばかりでなく、こうした情報を交換し合う情報交換会のようなものも定期的に持つと良いでしょう。

他社についての情報は、信用情報を使ったりすることもありますが、内部状況についてはなかなか外からは分かりにくいので、その会社からの転職者または転職希望者から聞き出すというような手法もあります。

	当事業	競合A	競合B
会社名	恵那酒造	金池　福太屋	米ぬか美人　NS-K化粧水（大和盛）
ターゲット顧客	敏感肌の女性	敏感肌の女性	敏感肌の女性
ニーズ	すべすべ肌になりたい	肌がうるおう	みずみずしく血行のいい肌を作りたい
商品・価格	フェイスマスク5枚 1,500円 化粧水100ml 1,300円 クリーム50ｇ 1,200円	洗顔、美容液、化粧水等ラインナップ モイストパック6枚入り5,250円と高価	灘の宮水と米ぬかの「米ぬか美人」シリーズ。120ml、1,575円とお手頃。 マスクはなし
販売方法	直販、オンラインショップ	直販、オンラインショップ、全国酒販店	直販、オンラインショップ
プロモーション	地元店頭、旅の口コミ、雑誌紹介	各種女性雑誌で紹介される	
強み・弱み	老舗の酒蔵、名水、和紙、実験結果	金池、江戸時代からの老舗酒蔵、「福正宗」ブランド。トライアルセット	灘、「大和盛ブランド」、商品ラインナップ
資本金	1,000万円	3,200万円	5億8,000万円
売上	約1億円	不明	不明
経常利益	300万円	不明	不明
従業員数	10名	86名	209名
重要成功要因	老舗、効果、リピート、マスコミを通じた全国展開	金池ブランド、ラインナップ、マスコミ取り上げ	お酒の知名度、灘ブランド、リピートユーザー

ポイント

いろいろな情報ソースから競合他社の状況を把握する

049

戦略設定の順序は3パターンの中から(S3)

ビジョン・戦略立案フレームワークを使用する場合、その取り組みパターンは次に示す通り大きく分けると3通りあります。

(1) ビジョン先行型

このパターンは、先に経営ビジョンや経営目標を設定し、そこから事業環境分析に戻ってきて、最初に設定したビジョンや経営目標と現状と将来見通しとのギャップを埋められるような戦略立案を行うパターンです。この手順は、先に紹介したバックキャスティング発想の順序と同じになります。

(2) 分析先行型1

事業環境分析を先に行い、その上で経営ビジョンや経営目標を設定し、その間のギャップを基本戦略や個別戦略で埋めていこうとするものです。一定の分析に基づいて目標設定を行います。

(3) 分析先行型2

事業環境分析を先に行い、その上で実行可能な戦略立案行い、その戦略がうまくいったら到達できる経営ビジョン・経営目標を最後に設定するパターンです。このパターンは、「5.事業計画書作成に必要な発想方法」で紹介したフォーキャスティング型発想と同じ順序になります。

(2)の分析先行型1は、(1)と(3)の中間パターンと言えます。事業環境が安定していて「改善」程度で良い場合には、(3)分析先行型2でも大丈夫ですが、「改革」や「変革」が必要な場合や、新規事業を創造する場合は、(1)ビジョン先行型または、(2)分析先行型1が必要になります。

では、(1)ビジョン先行型と(2)分析先行型1は、どのような使い分けをしたら良いのでしょうか。筆者がオーナー経営者から仕事を受けて中期経営計画の立案を行う際は、(1)ビジョン先行型を取っていました。また、社内の部課長クラスを集めて中計策定プロジェクトを進める場合は、分析先行型1を使いました。経営形態やプロジェクトメンバーの構成によって順序を変えているのです。

それは、オーナー経営者の場合であれば、わざわざ分析をしなくても、現在の社内のことはおおよそ見当がついています。ですから、内部の分析をしないと目標設定できないということはなかったのです。それに対して、社内の部課長クラスの方々は、社内のことが分かっているといっても、自分の担当業務や担当部門のことについてだけで、会社全体のことについてはよく分かっていません。このため、まず本人達に視野を会社全体に広げ、視点を経営者レベルに上げてもらうために事業環境分析から始めていたのです。そうでないと、部課長クラスがいきなり「会社の望ましい将来像は？」と始めると、荒唐無稽の夢物語が出てくる可能性があります。

ビジョン先行型

現・前中計振り返り	ビジョン・目標設定	事業環境分析	基本戦略	個別戦略	課題と解決策	計数計画活動計画	まとめ

分析先行型1

現・前中計振り返り	事業環境分析	ビジョン・目標設定	基本戦略	個別戦略	課題と解決策	計数計画活動計画	まとめ

分析先行型2

現・前中計振り返り	事業環境分析	基本戦略	個別戦略	ビジョン・目標設定	課題と解決策	計数計画活動計画	まとめ

ポイント

ビジョン・戦略立案フレームワークは、体制や状況によって取り組む順序を変える

050

ギャップ分析は定量・定性両面で(S1)

先の三つのパターンでいうと、(1) ビジョン先行型と (2) 分析先行型1では、戦略立案に入る前にギャップの分析が必要になります。(3) 分析先行型2でもビジョン・目標設定の後に、その戦略で目標達成できるかというギャップ分析が必要になります。

ギャップ分析を行う場合は、定量と定性の両面で行う必要があります。それは、ただ定量目標が一定時期に達成できればいいのではなく、その後も継続的・持続的な成長・発展を遂げるためには、定性的な面も戦略的に取組み、改善や改革を図っていく必要があるからです。

(1) 定量面でのギャップ

定量目標とのギャップは、中期であれば3年後の経営目標と直近の実績、または実績見込みと対比して不足分をプラス（+）マークで表現します。すなわち、目標が150億円で実績見込みが100億円であれば、+50億円と表記します。ギャップというとマイナス表記をしたがる人がいますが、足りないという表記よりも、これだけ増やす必要があるという方が、課題意識が芽生えるでしょう。小さなことですが、そういうことにも配慮します。

定量目標は、通常売上高や利益額、利益率、拠点数、人員数等で表記することが多いですが、近年はコーポレートガバナンスコードなどの影響により、ROAやROE、ROIC、EBITDA等が使われるケースもあります。

(2) 定性面でのギャップ

定性面でのギャップは、以下の6つの視点で把握します。

①**事業面**……経営目標に、新規事業の立ち上げがうたわれ、現状

まだ立ち上がっていない場合、新規事業のネタがないとなります。既存事業関連のギャップもあり得ます。

②技術・ノウハウ面……目標達成に新しい技術やノウハウの獲得が必須の場合にこのギャップが生じます。特許等もここです。

③対外面・ブランド面……経営目標を達成するのに、知名度やブランドイメージが不足するケースがあります。

④組織面……部門間の連携が必要なのに、縦割りの横連携が少ない組織となっているケースがあります。組織構造や運営面でのギャップを表現します。

⑤ヒトの面……経営目標達成に人材面で不足したり、問題があったりするケースがあります。海外人材やリーダー人材など。

⑥業務・システム面……ビジョン達成に業務やシステム面での見直しが必要なケースがあります。

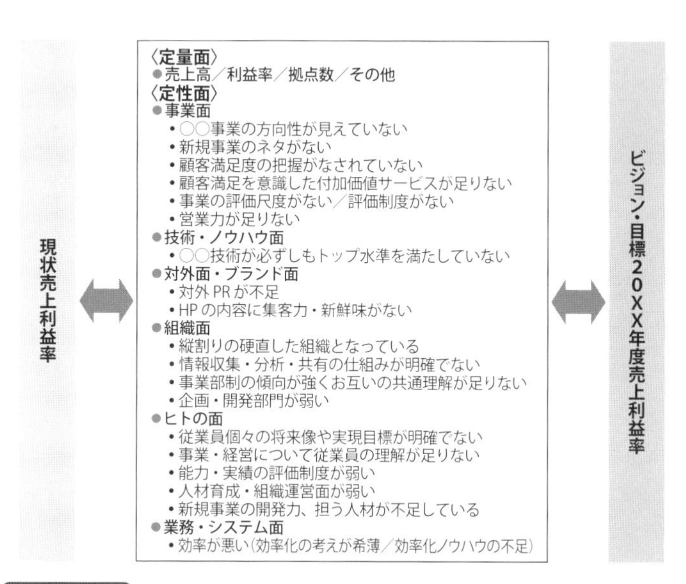

ポイント

定量定性両面でのギャップ分析が戦略のヒントに

051

基本戦略は3～5本の柱で(S2)

基本戦略は、定量・定性ギャップが埋められるような基本戦略を3～5本柱で設定します。

基本戦略の要素となり得るものは以下の5つとなります。

(1) 既存事業の事業展開に関わる戦略

新規事業だけの事業計画を立てる時は、新規事業の事業戦略だけでもいいですが、既存事業が関わる事業計画を立案する際は、既存事業の事業展開の方向性に関わる戦略を打ち出します。

既存事業の事業拡大の方向性は、例えば海外進出のように地域軸を広げるとか、従来取り組んでこなかった顧客層に取り組むとか、新しい商品群を発売するなど、地域軸・顧客軸・商品軸等の軸での展開がありえます。

(2) 新規事業の分野や展開に関わる戦略

既存事業とあわせて新規事業も事業計画の柱となるような場合、どのような分野や地域、商品群に取り組むのか、その内容を打ち出します。例えば、医療関係に新しく取り組むとか、○○会社を子会社化して新規事業に取り組む等の例がこれに当たります。

(3) 機能強化に関わる戦略

事業戦略とあわせて、開発や製造、購買、営業等の直接機能を強化する戦略が重要なケースに、これを打ち出します。例えば、海外に開発拠点を持つとか、生産拠点を海外から国内に移す等がその例です。

(4) 経営基盤強化に関わる戦略

財務や人事・経営管理・情報システム等通常経営基盤と呼ばれる分野に関わる戦略が重要要素となってくる場合に、それを打ち出します。最近では、情報システム面でDX（デジタルトランスフォーメーション）が強く遡及されるようになっています。

(5) グループ組織編成に関わる方針

事業が企業グループ全体にまたがっているような場合で、かつグループとして組織編成を変えて取り組むことが必要な場合にこれを打ち出します。

例えば、グループ全体を持ち株会社で統括するように組織体制を変えるとか、グループの株式公開子企業を100%子会社にする等がこうしたグループ組織編成に関わる方針の例です。

- 既存事業の事業展開（地域軸・顧客軸・商品軸）に関わる戦略
- 新事業の分野や展開に関わる戦略
- 機能強化（開発・製造・購買・営業等）に関わる戦略
- 経営基盤（財務・人事・経営管理・情報システム等）強化に関わる戦略
- グループ組織編成に関わる方針
- その他（時々のテーマに応じて）

ポイント

基本戦略は全体から重要なものを３～５本打ち出す

様々な戦略パターン（S2）

既存事業であれ新規事業であれ、それぞれに戦略が必要になります。

戦略パターンは、大きく分けると（1）ポジショニング派（外部環境重視派）、（2）ケイパビリティ派（内部能力重視派）、（3）アダプティブ派（適応重視派）、（4）その他となります。

（1）ポジショニング派（外部環境重視派）

ポジショニング派では、市場の成長性や収益性等主として外部事業環境の良し悪しとそれに対応する戦略を重視します。

ポジショニング派の代表格はマイケル・ポーターの競争戦略です。ポーターは、ビジネス競争の世界では、基本的に3つの戦略に集約されるとしました。すなわち、①低コストを武器にマーケットシェアを取るコストリーダーシップ（低価格戦略）と②多少コストを掛けても顧客に違いを認めてもらう差別化戦略、そして、③マーケット全体ではなく、特定セグメントにフォーカスをするフォーカス戦略（集中戦略）の3つです。

その後、フォーカス戦略も、③-1差別化フォーカスと③-2コストフォーカスに2つに枝分かれさせました。自動車でいうと、価格の安い軽自動車メーカーはコスト集中、ポルシェなどのスポーツカーメーカーは差別化集中となります。

その他のポジショニング派には、差別化度合いを強めて新しく競争のない土俵を作ろうというブルーオーシャン戦略等もあります。

（2）ケイパビリティ派（内部能力重視派）

一方ケイパビリティ派は、いくら外部環境が魅力的でも自社が保有する能力（ケイパビリティ）に合っていなければ、事業としての持続的成功は難しいとして、自社の能力を重視した戦略論を唱えます。

代表格には、ハメルとプラハラードのコア・コンピタンスやバーニーのVRIO（ブリオ）があります。

コア・コンピタスは、「顧客に対して、他社にはまねのできない自社ならでは価値を提供する企業の中核的な力」として、①顧客価値の実現、②独自性、③企業力の拡張性の３つの条件が挙げられています。アップルの「世の中にない革新的な商品を開発する力」等がその例とされます。

また、バーニーのVRIOでは、Value（経済的価値）、Rarity（希少性）、Imitability（模倣困難性）、Organization（組織）の４要素が揃っていれば、持続的な競争優位（サステナビリティ）が維持できるとしています。

(3) アダプティブ派（適応重視派）

事業環境変化が激しく、予想困難で、自社が市場に与える影響が少ない場合は、とにかく環境変化に対応して柔軟に試行錯誤することがベストだとして、アダプティブ戦略を取ることが推奨されます。アダプティブ戦略を取る場合は、いちいち事業計画を立てている余裕などありません。

(4) その他

その他は、上記の３つに分類されにくいもので、上得意客を囲い込む顧客囲い込み戦略や、事実上の標準を取りにいくデファクトスタンダード化戦略、Ｍ＆Ａで事業拡大するＭ＆Ａ戦略、小売業特化型のエリアドミナント戦略、大規模ショッピングモール展開戦略等いろいろな戦略パターンがあります。

ポイント

自社・自事業に合った戦略パターンを見つける

053

技術革新への対応(S2)

現代の世の中は技術革新・イノベーションが急速に進んでいます。イノベーションは、創造による破壊と言われるとおり、新しいものを生み出すことによって、既存の製品・サービスや事業者が破壊されていきます。

例えば、音楽媒体は昔はレコードでしたが、1980年代にCDに変わり、2000年代に携帯音楽プレーヤーに変わり、現在はスマホの音楽プレーヤアプリで使われるデータや、音楽配信サービスとなってしまいました。これにより、レコードメーカーやCDメーカー、ショップがなくなって行きました。

技術革新が激しい業界では、このように生きるか死ぬかの生存競争になりますから、技術革新がどのように広がっていくかを知っておく必要があります。

ロジャースによれば、技術革新の普及曲線が右図のように描かれるといいます。横軸は時間軸で、左の方から技術革新の採用が早いグループで、右の方へ行くほど遅くなります。その分布は、中心線を0として、統計でいう正規分布となります。

すなわち、初期段階ではイノベーター(革新的採用者)と言われる人たちが市場の2.5%ぐらい居て、最初にその技術革新を採用します。つまり出始めの新商品(例えば、初期のiPhone)を購入するわけです。

それに続いて、彼らに触発されて初期少数採用者13.5%がその新商品を購入します。

そしてさらに、前期多数採用者34%、後期多数採用者34%が続き、最後に採用遅滞者16%が残ります。TVコマーシャルで、年配者向けにスマートフォンを宣伝しているのは、このガラケー好みの採用遅滞者向けに切り替えを促しているのです。

市場全体に普及する商品の場合は、このような経路をたどるのですが、その際に、その後のマーケットシェアは革新的採用者の段階でほぼ決まってしまうと言われています。日本ではもともとアップルファン（マッキントッシュ利用者）が多く、彼らが革新的採用者だったので、iPhoneのシェアが高くなりました。このように普及初期の段階でマーケットシェアを取りその後の事実上の標準を取る戦略をデファクトスタンダード化戦略といいます。OSのWindowsやCPUのインテル等もその例です。

一方、新商品として登場するも、一部のマニア以外に普及が進まない製品もあります。Apple Watch等がその例ですが、それは、初期少数採用者と前期多数採用者の間にあるキャズム（深い溝）を越えられないからだといいます。キャズムを超えるには、前期多数採用者が好むコストパフォーマンスがいいことが前提条件となります。Apple Watchは時計としてはコスパが悪かったのでしょう。

採用決定時間の分布と採用者カテゴリー（ロジャースの普及曲線）

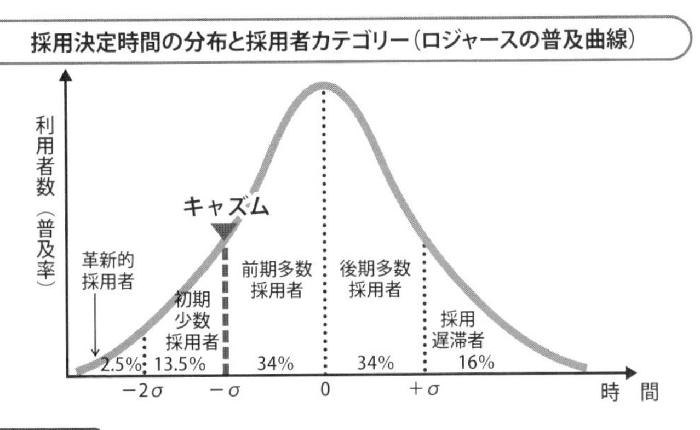

ポイント

技術革新の激しい業界では、デファクトスタンダード化戦略をとる

054

SWOT分析のS（強み）とW（弱み）を押さえる（S3）

戦略代替案を検討するのによく使われるフレームワークがSWOT分析です。

SWOT分析では、内部要因であるStrength（強み）とWeakness（弱み）と、外部要因であるOpportunity（機会）とThreat（脅威）を組み合わせて検討するものです。例えば、強みを機会に生かす（SO戦略）とか、弱みを補完して機会に生かす（WO戦略）等です。

SWOT分析の発案者は諸説ありますが、一説には、世界最古のビジネススクールであるハーバードビジネススクールで経営戦略論を担当していたアンドリューズ教授が、ビジネス経験の浅い若いビジネススクールの生徒に戦略案を検討させるのに考案したと言われています。

ビジネススクールや企業内の研修では初心者向けには分かりやすいのですが、分析体験者に尋ねると、「あまりうまくいったことがない」と多くの人が答えます。それには理由があります。

（1）弱みばかりでてくる

SWOTでは、強みと弱みの2つの要素を、機会と脅威というもう2つの要素と組み合わせることができるため、2×2の4つのパターンがあり得ます。

その4つのパターンの中で、最も有効と思われるパターンは、強みを機会に活かすSO戦略となります。なぜなら、強みはすでに持っているものですし、機会は外部に存在するもので、即効性があるからです。

それに対して、弱みは補完しなければなりませんし、脅威は、軽減することはできても大きくプラスにすることはできません。

SWOTは、それぞれの要因について、FACT（事実）ベースで、バランスよく抽出する必要があるのですが、多くの人がにわか知識で、ただ枠の中を埋めようとします。

その際に、世の中の多くの人がマイナス思考で、内向きな傾向があるため、「弱み」に相当することが多く出されやすいということがあります。その結果、肝心の強みが出てこないということになりやすいのです。

(2) 強みが出てきにくい

強みが出てきにくい理由は、他にもあります。それは、すでに持っているものであるがために、強みだと認識しづらいということです。自社でできていることは他社でもできているだろうと考えて、強みだと思えないということがあります。ですから客観的に強みを捉まえようと思ったら、顧客や取引先に確認してみると良いでしょう。

	強み（Strengths）	弱み（Weaknesses）
内部要因	強み（S）： ①ブランドがある ②タイ食文化 ③○○がシェアNo.1 ④販売提案力 ⑤ファーストエントリー力 ⑥タイに販売拠点 ⑦流通生鮮3部門との直接取引	弱み（W）： ①人材不足 ②コスト意識が弱い ③麺生産の一拠点体制 ④資金不足 ⑤コミュニケーション不足 ⑥地方の認知度が低い（特に西日本） ⑦水産・青果のボリューム不足
	機会（Opportunities）	脅威（Threats）
外部要因	a.ネット販売の普及 b.海外成長 c.食の安全意識の高まり d.健康意識の高まり e.タイ料理浸透定着 f.内食回帰（手作り志向） g.即席麺のメーカーが中小のみ（大手いない）	a.原材料高騰 b.競合激化 c.関連調味料の集約化 d.PB化の進行 e.人口減少（労働力減少）

ポイント

SWOT分析はFACT（事実）ベースで強み・弱みを捉える

055

SWOT分析のO（機会）とT（脅威）を押さえる（S3）

次はSWOT分析のO（機会）とT（脅威）です。

（1）機会が浮かばない

SWOT分析で重要なSO戦略が出てこない理由の一つに、O（機会）が浮かばないというのがあります。ビジネスチャンスというのは、実際にはあらゆるところに存在するのですが、多くの場合、これを見過ごしていることが多いのです。なぜなら、大半の人が自分の業務に没頭していて、アンテナが低くなっていて、そうしたビジネスチャンスに気付きにくくなっているのです。

SWOT分析にきちんと取り組もうと思ったら、一度普段の自分の仕事から目を離し、ビジネスニュースを見たり、世の中全般を広く見渡してみたりすると良いでしょう。

（2）脅威がたくさん出てくる

機会が少ない一方で、脅威はたくさん出てくる傾向があります。これは弱みがたくさん出てくることと同じで、マイナス思考の人が多いので、あれやこれや外部のことを心配ばかりしていると、自分の身の回りは脅威だらけということになってしまうのです。

ですから、たくさん出てきた脅威の中で、本当に対策が必要なものだけに絞り込んで検討します。その際の絞り込み方は、脅威に相当する項目を出した上で、いつ頃どの程度の実害がありそうかということを具体的に検討してみることです。

（3）既存の取り組みを書き出して満足している

SWOT分析に取り組んでもらっていてよくあることが、すでに自社が取り組んでいる組み合わせを書いてお終いにしているケースです。この事業は、自社のこの強みをこの機会に活かしているということを確認して手が止まっているのです。もちろん、SWOT分析が有効であることを、既存の取り組みに当てはめて確認することは悪くはないのですが、元々のSWOT分析の目的は、新しい戦略代替案を抽出することですから、既存のものの解釈で満足していてはいけません。そこで新しく思いついた組み合わせを赤字で書くようにします。そしてこの赤字の組み合わせが多いほど、良いSWOT分析ができた証拠とするのです。

(4) 組み合わせ方がよく分からない

SWOTの各要素を抽出した後に、それらをどのように組み合わせたらよいかよく分からないという質問を受けます。

新規事業の発案のところでお話したように、基本的に新しいアイデアというのは、何らかの既存の要素の新しい組み合わせであることが多いので、ここでは、その新しい組み合わせ方を検討する必要があります。

もし組み合わせ方が分からないという場合は、一旦アイデア発想法の最初のステップに戻って、取り組んでみると良いでしょう。多くの場合が、既存の枠組みに捕らわれ過ぎているということがあるので、それを外して考えてみる必要があるでしょう。

(5) 弱みの補完・克服方法を思いつかない

SWOT分析なので、弱みも出して良いのですが、その補完方法や、克服方法が思い当たらないことがあります。その結果、人材を外部からヘッドハントするとか、技術やノウハウ持っている会社をＭ＆Ａする等の安易な手段に走りがちです。そうすると、そんなことできるのか？と質問が出て、質問に答えられずそこで終わってしまうのです。

ポイント

SWOT分析の落とし穴にはまらないように注意

056

成功パターンを作り他社が真似できないようにする(S3)

SWOT分析で出てくる戦略代替案は、各要素を組み合わせただけのシンプルなものが多いので、いわば単発の戦略となります。例えば、コスト競争力を生かして新興市場を開拓するといっても、現地でマーケティングがうまくいくかどうかは分かりません。

ですから、次々と連鎖的に打ち手が打てるような「成功パターン」を持っている方が良いことになります。

戦国武将の毛利元就は、もともとは国人領主といって、一つの村の地頭のような小さな領主でしたが、孫子の兵法の「戦わずして人の兵を屈するは善の善なるものなり」を地で行って、「謀(はかりごと)を駆使する」ことによって、後に大大名となりました。

また、セブン・イレブンは、「ドミナント出店」という出店パターンで、コンビニ日本一の地位を築いてきました。

これらはいずれも、成功パターンの例です。繰り返し実施できることで、その効果がより大きくなります。

成功パターンの記入例は右図に示しますが、まず事業毎にこれまでの成功パターンを振り返ってみます。過去何十年かにわたって事業を続けられてきたのであれば、何がしかの成功パターンがあったはずです。それらを振り返ってみることで、自事業の成功パターンが見えてきます。もしその当時の人が現在社内にいないのであれば、OBの方に話を聞いてもいいかもしれません。おそらく喜んで協力してくれることでしょう。

成功パターンの書き方は、矢印→マークと、プラス+マークで表現します。→は、時系列の順番を指し、+マークは、同時期の要素の組み合わせを指します。そうすることで、どのようなパターンも記述することができます。過去の成功パターンが複数ある場合は、複数書いてもらって構いません。

事業別にこれまでの成功パターンが描けたら、次は会社・法人としての成功パターンです。A事業を成功させた上で、その延長上にB事業始めた等、複数事業がある場合にはその組み合わせ方などに成功の秘訣がある場合もあります。→印と＋マークの組み合わせが長いほど他社が真似しにくくなります。

これまでの成功パターンが描けたら、次に今後の成功パターンを描きます。その際に、SWOT分析で出てきた新しい戦略代替案の要素を盛り込めると、SWOT分析と成功パターン分析を融合させることができます。

成功パターンも事業別に複数描いてもいいですし、事業間をまたがる会社全体としての新しい成功パターンを描いてもいいでしょう。

	これまでの成功パターン	今後の成功パターン
A事業	・新商品開発力（ターゲットクオリティー） →新カテゴリー開発→ファーストエントリー ・機能性商品→サブカテゴリー開発 →ダイレクトセールス体制	・生産体制の効率化→コスト競争力（本体） ・品質体制を武器とした高付加価値商品 →ワンランク上の商品をターゲットプライスで供給 →新カテゴリー開発
B事業	・国内の垂直統合と加工会社展開 ＋物流体制の構築 ＋販売力を背景とした仕入れ ＋安定供給とすべての品揃え →シェア拡大	・国内→海外垂直統合への展開 →海外拠点から海外拠点への販売
C事業	・輸送技術向上による供給力 ＋L社のレパートリーの豊富さ（開発力） ＋H社の業務用商品力	・原材料確保力＋供給力 ＋L社のレパートリーの豊富さ（開発力） ＋H社の業務用商品力 →売上げ拡大
会社全体	・社員のマンパワーによる事業の積極的拡大 ＋事業部間競争、自立意識による事業拡大 ＋積極的な投資 ＋スピード経営、経営のパワー力 →国内での急速な規模拡大	・M＆Aを活用したグローバル展開 ＋マーケティング力強化による国内事業強化 ＋国内工場再編によるコスト競争力強化 →グローバル競争力の確保

ポイント

SWOT分析と成功パターンを組み合わせ、新しい成功パターンを描く

057

事業戦略を設定する（S3）

事業戦略パターンに対する知識とSWOT分析や成功パターン分析による戦略代替案が検討できたら、続いて基本戦略をベースとした事業戦略設定を行います。

次表のようなワークシートを使うと良いでしょう。まず事業別に既存商品・サービスと新商品・サービスに欄を分け、既存商品・サービスについて対象市場・顧客とそのニーズ、そして事業戦略のパターンと進めていきます。

記入例は、軽自動車を対象とした架空のものです。軽自動車は日本中どこでも見られますが、特に地方都市や田舎では多く見かけます。顧客は男性・女性問わずいて、彼らのニーズは、本体価格が安く、かつ燃費が良い車です。コストパフォーマンス重視ですね。

このため事業戦略パターンは、基本的にはコスト集中のコストリーダーシップとなります。ここで戦略パターンを記述するだけではなく、ではどうやってその戦略パターンを取るのか、取れるのかという補足説明を行います。ここでは、人件費の安い新興国で生産した安い部品を使うことでコスト圧縮を図るとしています。

次に対象セグメントですが、これは自動車市場のうち、どのセグメントをターゲットとするかということで、日本にしかない規格である「軽自動車」としています。優遇税制が適用される黄色いナンバーが付けられる条件に適合した車ということです。

続いてマーケティングミックス、4Pとなります。4Pは「47. 自社のマーケティング要素の把握（S3）」で述べたように、Product, Price, Place, Promotionの4つですが、文字数圧縮のために、製品、価格、販路、広宣（広告宣伝のこと）としています。そしてこれら4要素について、具体的にどうするかを記述します。

軽自動車の場合は、製品の特徴としては高い利便性となりますし、価格は相対的には低価格帯（実際には、想定する価格帯を入れます）、販路は系列のディーラー（自動車販売会社）、広告宣伝は、新製品についてはテレビCMで利便性や低燃費などをアピールします。

その他の欄は、補足的に事業戦略の内容の説明をしたい場合に使います。

新規の欄については、どういうものを新規として扱うかを社内で合意を取り、既存と同じように新商品・サービスについて記述します。例えばアンゾフのマトリックスを例にとり、新商品・サービス開発の象限と市場開拓の象限に入るものをこの欄に記入する等の決め事をしておき、多角化に入るものについては、別途新規事業として扱うというような区分の仕方をします。

事業	区分	対象市場・顧客（ニーズ）	事業戦略のパターン(補足)	対象セグメント	マーケティングミックス（4P）	その他
事業A	既存	地方都市・田舎の中高年男性・主婦層・若い女性 (安くて燃費のいい車)	コストリーダーシップ (新興国で生産した部品を使い、コスト圧縮)	軽自動車	製品：高い利便性 価格：低価格帯 販路：ディーラー 広宣：TVCMで低燃費をアピール	
	新規					
事業B	既存					
	新規					

ポイント

事業戦略を戦略パターンや4Pで具体化する

058

事業戦略チェックリストで、戦略の妥当性を高める（S3）

このように事業戦略立案をしても、事業戦略要素間の整合性が取れているかどうかの確認が必要です。そこで、右図のようなチェックリストを作りました。良い事業戦略はこれら4要素について具体的で、かつ、その要素間の整合性が取れている必要があります。

(1) 市場・顧客要素

これは新規事業のところで見てきた項目と同様に①対象市場とその特徴、②対象セグメント、③顧客とニーズとなります。この3つの事柄について具体的にリサーチ結果を含め把握できていれば、5点となります。仮説段階であれば、2点止まりとします。

(2) 競合・成功要素

①競合他社とその強み・弱み、②自社の強み・弱み、③重要成功要因、これらは競合分析のところで出てきた要素です。自社と競合他社をFACTベースで比較し、事業としての重要成功要因が掴めている必要があります。

(3) ビジネスモデル・戦略要素

①ビジネスモデルとその特徴、②戦略パターン、③戦略の内容で、これらは、ビジネスモデルや戦略パターンのところで出てきた要素です。それらが事業として具体化されている必要があります。

(4) マーケティング・リソース・業績要素

①4P、②VRIO評価、③成長性・収益性

4Pは、マーケティング要素で触れたとおりです。

VRIOは、リソースベーストビューの評価視点で、V：顧客にとって経済的な価値があるかどうか、R：商品・サービスを成り

立たせる資源に希少性があるかどうか、I：商品・サービスが模倣困難かどうか、O：これらの要素が活かせる組織になっているかどうかという4つのポイントについて○△×で評価します。

成長性・収益性は、事業として今後成長性が見込まれるかどうか一定程度以上の収益性が見込めるかどうかについて評価します。

4要素それぞれについて5点満点で評価して、合計値を出します。1要素5点満点×4要素で20点満点となりますが、良い事業戦略の条件は15点以上が目安です。内容が曖昧だったり、整合性が取れていなかったりするとスコアが低くなります。そうした場合は、評価の低い要素について再検討して、スコアが上がるようにします。

事業戦略の評価

事業名：DXビジネス

区分	市場・顧客要素	競合・成功要素	ビジネスモデル・戦略	マーケティング・リソース・業績
製品・サービス内容の具体化	市場と特徴	競合の強み・弱み	ビジネスモデル	4P
	・DX検討顧客	・体系化された導入が可能	・サブスクリプション	・製品：あり ・価格：タイプ別価格設定 ・販路：直販 ・広宣：マーケティング
	対象セグメント	自社の強み・弱み	戦略パターン	VRIO評価
	・既存顧客 ・新規顧客	・トライアル版の提供 ・自社ブランドのため自社サポートが可能	・入力等手作業業務を複合サービスでシステム化	・価　値：○ ・希少性：○ ・模倣性：△ ・組　織：○
	顧客とニーズ	重要成功要因	戦略の内容	成長性・収益性
	・業務効率化 ・ペーパーレス化	・業務削減効果	・AI-OCR＋RPA実装	・成長性：○ ・収益性：○
	評価			
	ターゲットと訴求ポイントの明確化評価	重要成功要因把握度合い評価	戦略の有効性・具体性評価	持続性・業績貢献評価
	3／5	4／5	4／5	4／5
				合計
				15／20

ポイント

事業戦略は4要素で評価しブラッシュアップする

059

機能別戦略を設定する（S4）

基本戦略から事業別の事業戦略、機能別の機能別戦略、組織に関する組織戦略を具体化します。基本戦略に対してこの3つを個別戦略と呼びます。機能別戦略に対して事業戦略を事業別戦略と呼ばないのは、習慣によります。

機能別戦略は、事業戦略に対して縦糸と横糸の関係になり、重複する部分が出てきます。事業個別の戦略に関わる部分は事業戦略で記述し、事業間で共通な機能ごとの戦略については機能別戦略で表現します。

例えば、事業部ごとに開発・製造・営業部隊がいて、事業部固有の活動を行う部分については事業戦略に含めます。

それに対して事業部間をまたがって開発や製造、営業に関わる戦略を展開する場合は、機能別戦略に含めます。

機能別戦略は、大きくライン機能とスタッフ（管理）機能に分かれます。

（1）ライン機能

メーカーでは、ライン機能がさらに直接機能と間接機能に分かれ、直接機能を担うのが研究開発（R＆D）、生産（製造）、営業（販売）の3部門で、間接機能を担うのが購買（調達）、物流、品質管理等となります。メーカーの場合は、直接機能の優劣が会社の業績を左右しますから、この3つの戦略がもっとも重要な機能別戦略となってきます。

業種別にみると、このライン機能に違いがあります。流通業では、店舗・出店戦略や商品戦略、MD（マーチャンダイジング）戦略等が必要です。

サービス業で見ると、研究開発戦略、営業戦略、サービス提供戦略（プロジェクト成功戦略）、調達戦略等となります。

(2) スタッフ（管理）機能

スタッフ（管理）機能には、人事、経理・財務、総務、情報システム、広報・IR等が含まれます。

(3) 機能別戦略のテーマ例

それぞれの機能別戦略のテーマ例を見ていきましょう。

研究開発戦略：次世代新商品の開発、特許防衛、開発期間の短縮、部品コスト削減、リサイクル率向上、海外開発拠点の強化等

生産（製造）戦略：生産拠点の統廃合、SCMの進化、生産性の向上、生産方式の変革、品質管理の強化、歩留率の向上等

営業（販売）戦略：ソリューション営業強化、顧客ロイヤリティ向上、納期短縮、取引先とのEDI化、債権管理の強化等

購買（調達）戦略：調達先の組み換え、取引先の原価低減指導、グリーン調達増加、新原料・部品の開拓

物流戦略：3PLの活用、共同物流活用、物流サービス水準向上、海外との物流体制整備、物流コスト低減、ドライバー調達

人事・人材戦略：人事制度改革、採用強化、定年者再雇用制度見直し、離職者防止、テレワーク環境整備、階層別教育強化等

経理・財務戦略：有利子負債圧縮、四半期決算早期化、連結決算体制強化、信用格付けアップ、経理業務の効率化等

情報システム戦略：社内DX推進（ペーパーレス化、電子捺印等）、セキュリティ強化、テレワーク対応強化等

広報・IR戦略：ホームページ刷新、認知度・魅力度アップ、株主との対話強化

総務戦略：BCP整備、ガバナンス体制強化

ポイント

組織機能別に重要な戦略テーマ設定を行う

060

組織戦略を設定する～ティール組織の考え方を参考に（S5）

個別戦略の3つ目の要素である組織戦略については、組織構造と組織の運営方法の二面から検討を行います。組織については、自社経営資源分析の経営管理の項で現状の組織の問題点や課題抽出を行いましたから、それらが解決できるようテーマ設定をします。

（1）組織構造

組織構造については、職能別組織、事業部制、カンパニー制、持ち株会社制等があり、それぞれにメリット・デメリットがあることを紹介しました。

組織構造についてはいろいろな論点がありますから、まずは将来の望ましい組織体制図を書いてみることをお勧めします。中期経営計画であれば3年後、新規事業の事業計画であれば、事業拡大とともに変わっていく組織体制図を描いてみると良いでしょう。

組織の基本は、ライン機能とスタッフ（管理）機能で、ライン機能は商品・サービスを提供する機能群で、メーカーでいうと開発・生産・営業・調達等になります。スタッフ機能は総務・人事・経理・情報システム・広報等になります。企業規模が大きくなるにつれて総務から経理や人事が分かれ、さらに経理が経理と財務に分かれ、人事が人事・労務・教育等機能分化していきます。細かく分かれ過ぎると部署間・部門間連携が問題となります。

（2）組織の運営方法

組織の運営方法のポイントとなるのは、業務プロセスと意思決定方法、情報連携方法、PDCAの行い方等です。自社経営資源分析で出てきた現状の問題点や課題を解決できるテーマ設定を行うようにし、将来の望ましい組織像と整合性が取れるようにします。

近年特に株式公開企業に求められているコーポレートガバナンスコードは、取締役会のメンバー構成、意思決定方法等にも触れられており、ガバナンス面でのテーマ設定も必要となっています。

(3) ティール組織

マッキンゼー出身のフレデリック・ラルーは、組織の構成員のやりがいや幸福という観点から、組織の歴史的発展段階分析を行い、上下関係がなく、構成員同士が信頼関係で結び付いている新しい組織形態「ティール（青緑色）組織」を提唱し、近年脚光を浴びています。歴史的に見ると、

①レッド（赤）：衝動型。力による支配で、短期的思考に基づく。メタファーはオオカミの群れ。

②アンバー（黄土色）：順応型。長期的展望のもとに上意下達で、厳格な階級に基づくヒエラルキーが特徴。メタファーは軍隊。

③オレンジ（橙）：達成型。イノベーションを求め、科学的マネジメントを行い、社長と従業員というヒエラルキーがある。メタファーは機械。

④グリーン（緑）：多元型。多様性を尊重しつ一定のヒエラルキーを残すものの従業員の呼称をメンバーやキャスト等と呼んでいる。メタファーは家族。

⑤ティール（青緑色）：進化型。相互に信頼で結び付いていて、指示命令系統でなくともよい。メタファーは生命体。

現在ある多くの企業・組織は、オレンジの達成型が多いですが、ティールをはじめ、その他の組織類型を比較対照することで、自社・自事業の組織のありたい姿の参考になるでしょう。

ポイント

組織戦略は組織構造と運営の両面からテーマ設定する

第7章

マーケティング戦略をリニューアルする（S3）

この章では、第６章の事業戦略をより具体化したマーケティング戦略について、近年の新しい動向を取り入れた手法について紹介します。

061

4C分析で顧客側に立って見る

マーケティングミックスの4Pが、どちらかというと提供者側からみた視点であるのに対して、顧客側からみた視点として4C分析というものがあります。

4Cとは、(1)Customer Value（顧客価値）、(2)Cost（顧客にとってのコスト）、(3)Convenience（顧客利便性）、(4)Communication（顧客とのコミュニケーション）の4つです。

Amazonを例に取って見てみましょう。

(1) Customer Value（顧客価値）

顧客にとってAmazonのサービスの価値とは何でしょうか。利用者側の視点から言うと、まず本だけでなく、音楽・映画、パソコン関連製品や家電製品、日用品、食品、時計、楽器等いろいろな商品が揃っています。元々のAmazonのコンセプトがeverything storeということでしたので、Amazonで顧客の欲しいものが何でも揃うように商品ラインナップを増やしてきました。

さらに、同じ商品群でも豊富なバリエーションの中から選べるというのがあります。パソコンショップに行っても、置く棚に限りがあるので、お目当ての商品がないことがあります。そうした場合は、最近では、Amazonで探すようにしています。

またAmazonでは、カスタマーレビューコメントが付いているので、失敗する可能性のある商品を避けることができます。

(2) Cost（顧客にとってのコスト）

顧客にとってのコストで、第一は商品そのものの値段です。新商品でも一番安い価格に近い価格で入手できます。中古品を厭（いと）わなければ、中古品はさらに安く買えます。顧客コストの一つが交通費です。遠方に行けば、その分の交通費が掛かりますが、自宅のパソコンやスマホから注文すれば、買い回りの交通費が掛かりません。返品も可能なので、開封して失敗だった場合、その分丸々損するということはありません。

（3）Convenience（顧客利便性）

顧客にとっての利便性ということでいうと、注文した翌日に入手できることやモノによっては当日入手できます。買い回りの必要がないのも時間節約になり助かります。注文履歴のあるものは、再注文が簡単です。

（4）Communication（顧客とのコミュニケーション）

顧客とのコミュニケーションということでいうと、注文した商品の配送状況や配達をメールなどで知らせてくれます。Alexaを使えば黄色いお知らせマークで音声で知らせてくれます。また、注文する時にあわせ買いの紹介があって重宝する時があります。

このように見てくると、Amazonは、4Cの観点からよく練られたサービスを提供しているのがよく分かります。

4C分析　対象事業：　Amazon

顧客価値（Customer Value）	顧客にとってのコスト（Cost）
・豊富なバリエーションの中から選べる ・カスタマーレビューコメントで当てを付けられる（失敗が少ない）	・リーズナブルな価格で入手できる ・中古でもよいならさらに安い ・交通費が掛からない ・返品可能
顧客利便性（Convenience）	**顧客とのコミュニケーション（Communication）**
・モノによっては当日手に入る ・買い回りの必要がない ・どこにいても（スマホからでも）購入できる ・ワンクリックで買える ・一度購入した商品を再注文できる	・関連商品が紹介される ・カスタマーレビューで既購入顧客の評価が分かる

ポイント

4C分析で顧客の痒いところに手が届くようにする

062

Web活用で大半のマーケティング活動が可能に

今やネット通販は当たり前で、どんな小さな会社でも、どんな田舎の会社でもインターネットで商品・サービスが提供できます。ただしマッサージ、鍼灸など直接会わないとできないサービスや店舗での飲食や試着が必要な飲食店や衣料品店はリアルな販売員が必要となります。

マーケティングプロセス別にネット活用の可否を見てみましょう。

（1）商品企画

商品企画段階では、ターゲットユーザーの声を聞いたりしますが、実物をその場で見せたり、食べさせたりということでなければ、ネット経由でユーザーの声を聞くことは可能です。

（2）開発・生産段階

開発・生産段階では、ユーザーと直接接触する必要はありませんから、従来通り行えます。

（3）告知・広告宣伝

新商品・サービスの告知や広告宣伝は、4マス媒体だけでなくインターネット広告や自社のホームページ、メールマガジン等を使うことができます。

（4）営業・販売

生命保険の販売もインターネット経由で行われるようになってきたように、従来対面が当たり前であった営業活動でも、顧客側の了承さえ得られれば、Web会議システムを使ってネットで行うことができます。最近はzoomやマイクロソフトのTeams、Google Meet等無料ないし無料に近い料金で使えるWeb会議アプリが便利に使えるようになりました。

B2B営業も、現物を持参しての営業でなければ、Web会議システム経由で可能となっています。

対面重視だった百貨店などもWeb会議ツールなどを使ってリアルタイム販売を行ったりするようになりました。

自社で販売サイトを構築しにくいとか、集客力のある販売サイトを活用したい場合には、楽天やAmazon等のプラットフォーマーを活用する方法もあります。そうすれば、配送や決済もプラットフォーマー側がやってくれます。

（5）サービス提供

飲食、人的サービス等リアルなサービスを必須とするような業態の場合は、リアルでのサービスが必要となります。ただ、教育や相談、コンサルティングのような、双方向で会話ができてビジュアルツールが使えればよい場合はオンラインで対応可能です。ネットでは表情が伝わりづらい等のハンデもありますが、時間と距離のハンデを乗り越えられるメリットもあり、やり方次第でリアルと同様の成果を挙げることも可能です。

（6）配達

買ってくれた商品を届ける部分については、従来からの宅配便やそれに類するサービスを活用すれば配達可能です。

最近増えてきているのが、ウーバーイーツや出前館のような宅配代行サービスです。最近街中には、自転車等に乗った代行業の人たちをよく見かけます。

（7）アフターサービス

実際にモノを見ながら修理のような場合は、商品をやり取りしてということになりますが、口頭でいい場合はネットで済ませることができます。

ポイント

マーケティングプロセスの大半はオンライン化できる

063

4マス媒体を超えたインターネット広告を活用する

(1) インターネット広告市場

大手広告代理店の電通によれば、2019年日本のインターネット広告費は、2.1兆円で、前年比120%と成長し、ついに、4マス媒体（テレビ、ラジオ、新聞、雑誌）で広告宣伝費の一番多いテレビメディア広告費1.8兆円を抜き、最大の広告媒体となりました。

2020年度はコロナ禍で微減したものの、その後はV字回復し2021年度には2兆7千億円を記録し、4マス媒体の合計をも上回る規模となりました。

一方、世界の市場規模は、その10倍以上で、今後の成長率も年率20%近い成長を続けていくと予測されています。ですから、今後広告宣伝ではインターネット経由が主流となってきます。

(2) インターネット広告のメリット

インターネット広告のメリットは、①ターゲットを絞った広告が行えること、②広告効果が把握でき費用対効果で捉えることができること、③少額からでも始められること、④やり方によっては顧客とコミュニケーションが取れるということがあります。

(3) インターネット広告効果

一般に広告の効果は、（ア）接触効果、（イ）心理効果、（ウ）売上効果があると言われていますが、インターネット広告の効果も（ア）（イ）（ウ）のすべてについて効果が認められています。通常インターネット広告の効果は以下の3つの指標で測ります。

①インプレッション（Imp）

広告が表示された回数を示す値です。社名や商品・サービスの認知度を高めるには、まずこのインプレッション数を上げる必要があります。

②ユニークユーザー数（UU）

Webサイトを訪問したユーザー数のことをユニークユーザー数といいます。

③クリック率（CTR）

表示された広告がユーザーによってクリックされた割合を表す指標です。クリック率は、クリック数÷インプレッション（Imp）×100%で算出されます。サイトへの誘導をトラフィック効果といいますが、これを高めるためにはクリック率を高める必要があります。

④コンバージョン率（CVR）

広告を見た結果、購買や入会に繋がった率のことをいいます。

コンバージョン率は、CV数÷広告経由の総クリック数×100%で算出されます。ここでCV数とは購買や資料請求等コンバージョンした数で、広告経由の総クリック数は、ユーザーが広告経由でそのサイトを訪問した回数のことをいいます。

⑤CPA（Cost Per Acquisition）

1人のユーザーが新規会員登録や見積請求、商品購入などをするまでに要した広告費用のことをいいます。

これらにより、掛けた広告費と得られた売上や利益、入会数等の成果を対比することで広告効果を測定し、よりコストパフォーマンスの高い広告手法や広告媒体に変える等以後のマーケティング活動に役立てられます。

広告の効果測定では、特にCV数、CVR、CPAが重視されます。

ポイント

最大の広告媒体となったインターネット広告を活用して、マーケティング手法をブラッシュアップする

064

インターネット広告の種類と特徴［前半］

インターネット広告のバリエーションは増え続け、今や10種類以上あります。この項では前半の5つを紹介します。

①純広告

純広告には、(ア) バナー広告や (イ) メール広告があります。インターネット広告の中でも一番古くからあるものです。バナー広告は、エリアやユーザーの属性（年代・性別）など、セグメント化して出稿することも可能です。時間帯を絞って表示させる広告もあります。メール広告には、テキストメールとHTMLメールがあり、HTMLメールは画像の挿入や開封チェックも可能です。メルマガの中に数行の広告を入れる場合と、広告だけで配信されるものがあります。メルマガ挿入タイプは、メルマガ読者層とフィットしていれば広告効果が高まることが期待できます。いずれもインプレッション数を増やし、認知度を高める効果が期待できます。読者にクリックしてもらい、その先に詳しい宣伝内容を表示させることができます。

②ネイティブ広告

広告を“普通のコンテンツの一部として見てもらう”ことを目的とした広告をネイティブ広告といいます。記事広告もネイティブ広告の一種です。メディア側の記事の体裁で記入されるため、媒体のブランド力・信用力を借りることで読者に読まれやすい特徴があります。記事内容も他の記事と同程度のクオリティの文章で表現されるため、読者に安心感を持って読んでもらいやすいという利点があります。

③リスティング広告（検索連動型広告）

GoogleやYahoo! Japanなどの検索エンジンでキーワード検索された際に検索結果の上にアイコンで広告として表示されるものです。検索した人がそのキーワードに関する情報を欲しているので、ニーズのある人に広告を見てもらえる効果があります。一方、広告と表示されているためクリックされにくいという難点はあります。キーワードによって広告の値段が変わります。

④アドネットワーク

アドネットワークとは、GDN（Google Display Network）やYDN（Yahoo! DN）等のように複数の広告媒体（Webサイトやソーシャルメディア等）を集めた広告配信ネットワークに広告をまとめて配信する広告手法です。

ユーザーの情報や閲覧履歴から広告対象を選ぶ（ア）ターゲティング広告と（イ）ユーザーのターゲティングを行わない非ターゲティング広告とがあります。（ア）ターゲティング広告には、(a) 広告主のリストを使ったターゲティング広告と、(b) アドネットの推計データを使ったものとがあります。さらにその中に一度自社のWebサイトを訪問したユーザーを対象に広告を配信するリターゲティング広告（通称：リタゲ）があります。

⑤DSP

DSPとは、Demand-Side Platformの略称で、広告主側が利用するプラットフォームです。DSPは、SSP（Supply-Side Platform）というメディア側のプラットフォームと対になっていて、広告枠を一番高い値段で落札した広告主の広告が瞬時に判別され、表示されるようにした仕組みです。広告主はこうしたサービスを使って、いろいろな媒体に予算に合わせて広告を出すことができます。

ポイント

ネット広告の種類を知って目的に合ったものを選ぶ

065

インターネット広告の種類と特徴［後半］

この項では、後半の5つを紹介します。

⑥アフィリエイト広告

成果報酬連動型広告で、対象とするWebサイトを閲覧し、最終的に購入や入会に繋がった場合に、通常その一部が成果報酬として支払われるタイプの広告です。よくそれとなく特定の商品・サービスを紹介して誘導する広告があります。成果報酬型なので、初期費用が掛からない、もしくは少なくて済むというメリットがあります。ただ、アフィリエイト側が成果報酬を狙って誇大宣伝や誤解を招くような紹介をすることもあり、トラブルの原因となったりします。

⑦SNS広告

LINE、Twitter、Facebook、Instagram、TikTok等のSNS（Social Networking Service）の利用ユーザーがそれぞれ数千万人に上ることを利用して、その中のユーザーの属性（居住地域、年齢、性別、学歴、趣味、言語等）を選択して、その属性に合ったユーザーに対して広告を発信していく方法です。

LINE広告は、若者だけでなく、50代60代以上の世代の利用数も多く他のSNSに比べ幅広い年代層にアプローチできるメリットがあります。

Twitter広告は、リツイートにより拡散力があるのが強みで、推定属性を使いますが、ターゲットに正確性も出てきています。

Facebookなどではタイムラインのニュースフィード内と横のサイドメニューに広告が掲載されることが多いです。Facebookの場合、10代20代の利用者数が少なくなっています。

Instagramは、現在はFacebook傘下にあるため、Facebookのユーザー属性情報に基づいて広告が打てます。

⑧動画広告

世界最大の動画コンテンツ共有サイトであるYouTubeに掲載された動画のうち、閲覧回数の多いものに対して、その前・中・後等に5～15秒程度の短い動画広告を入れるものです。これをインストリーム広告といいます。有名ユーチューバーなどは投稿によっては閲覧回数が数百万回に達するものがあり、そこに広告を出せるので効果的です。

動画が視聴完了、または、広告がクリックされた場合のみ料金が発生するため、途中でスキップされた場合など余計な費用がかからないというメリットがあります。

⑨インフルエンサーマーケティング

インターネットの世界で影響力の強い人のことをインフルエンサー（Influencer）といいます。彼らのフォロワーが多いことを利用して、インフルエンサーから商品・サービスを紹介してもらうことで自社製品・サービスの購入に繋げようという手法です。化粧品や衣料品等嗜好性の強いものや、ワインや特定産地もの等まだ市場認知度が低いニッチな商品・サービスを売り込むのに効果的です。

⑩位置情報マーケティング

スマホの位置情報を利用して、利用者が特定の場所に来たら近隣の飲食店や娯楽施設などを紹介するエリアマーケティングに有効なサービスです。こちらは立地に依存したビジネスで、立ち寄りついでの購入等の可能性がある商品・サービスに向いています。ターゲティング広告の一種とも言えます。

ポイント

様々なネット広告手法からより効果的なものを選ぶ

066

スマホ対応で誰でも使えるようにする

総務省の情報通信機器の保有状況調査によると2019年時点でモバイル端末全体で世帯別保有率は96.1%、うちスマートフォン（以下スマホ）は83.4%と8割を超えました。PCが同69.1%なのと比べて、スマホの方が保有率が高くなったことが分かります。また個人別にみても、スマホ保有率は67.6%と7割近くを占めています。このことから、高齢者はさておき、子供から大人までほぼ皆スマホを所持していることが分かります。

このため商品・サービス提供も、PCのみならずスマホ経由で実施した方がいいことが分かります。

スマホのメリット

①場所を選ばない

自宅でも、職場でも、移動中・休憩時間中でも使用可能です。

②PCと同様の機能が備わっている

画面が小さいことと、長文入力に適さないこと、細かな編集がしにくいこと等を除き、PCでできることはほぼすべてできます。

③カメラで写真や動画が撮れる

ハイビジョン以上の画質で写真や動画がその場で撮れ、保存が可能で、かつネット環境がよければ、動画のアップロードも可能です。

④ホームページや動画の視聴ができる

通信環境がよくなったことと、WiFiサービスが強化されたことで、インターネットサイトの閲覧だけでなく、動画の視聴も可能となりました。

⑤アプリが豊富

仕事や趣味に使える無料・有料のアプリが豊富に提供されて、様々なことができるようになっています。人数的にいうとゲームをやっている人が多いですが、スマホショッピングも増えています。最近特に増えているのは、スマホアプリで株式投資をする人たちです。コロナ禍での自粛もあり、自宅などでスマホを使った個人投資家が増えました。その結果従来ヘッジファンド等プロが相場を形成していたのに対して、一定の対抗勢力となり得るまでに拡大しました。米国のロビンフッター等はその例です。

銀行口座のアプリもインストール可能ですから、スマホで送金や入金確認なども行えます。

Google DriveやOne Drive等のクラウドサービスも接続可能ですから、PCで作成したデータの閲覧やメンテも行えます。

⑥決済可能

ネットショッピングをした際のクレジット決済や、コンビニ端末でSuicaなどを内蔵したICカード決済、PayPay等のQRコード決済等いろいろな決済がスマホで可能となりました。

⑦TV会議、Web会議システムが利用可能

スマホには、もともとカメラとマイクが付いていますから、相手のスマホまたはPCとの間でTV会議ないしWeb会議を行うことができます。筆者の海外の友人とのやり取りでは、定例ミーティングに自動車の中から参加とか、サイクリング中に参加とか、ジムから参加等いろいろな形で参加してくるメンバーがいます。顔が見えて、声が聞こえれば、ミーティングになります。

⑧国境を越えて

コロナ禍では、物理的移動に制限がありますが、ネットを使えば、世界中どことでもコミュニケーションができます。

ポイント

商品・サービス提供をスマホ対応に

067

ネット動画で商品・サービス紹介を行う

インターネットの大容量・高速化が進み動画が使えるようになってきました。

(1) インターネット環境の大容量・高速化

インターネットのスピードは、光回線を使用し、上り下りとも100Mバイト／秒程度は当たり前になってきて、大きなファイル容量のものも、数秒程度で送れるようになりました。

動画自体も、画質の高精度化によって容量が増えましたが、インターネット回線の高速化とWebサーバーの容量アップにより、1時間を超えるような動画データも、ネットでWebサーバーとのアップロード／ダウンロードがスムーズに行えるようになりました。

(2) 動画に適したモノ

立体的なもの、動きのあるものや加工、組み立て等動画の方が分かりやすい商品・サービスは動画で紹介を行うものが増えています。

例えば、不動産。以前は間取りのチラシしかなく、不動産屋に電話して現地を下見させてもらうしかなかったですが、最近では、ネットで条件を入れると条件に合致した物件が表示され、さらにその物件内部を動画で撮ったショートビデオが見られるようになりました。これにより、間取り図だけでは分かりにくい物件の善し悪しや自分の希望に合致した物件かどうかが、事前に判断できるようになりました。

新築分譲マンションのモデルルームもリアルとバーチャルの併用型となりつつあります。コロナ禍の中でリアルでの見学が敬遠される中、バーチャルでおよその見当をつけ、最後の決めでリアルを確認といったパターンも増えています。

中には、マッチングサイトで結婚相手をバーチャルだけで決めてしまう人も出てきていますから、ネット及び動画対応は必須となってきています。

(3) ビデオ撮影と編集

ビデオ撮影自体は、わざわざ専用のビデオカメラを用意しなくても、スマホやデジカメで素人でも撮れるようになりました。

編集ソフトも、プロ用もありますが、フリーソフトでもトリミングやテロップ挿入、BGM挿入等が行え、一般のビジネスパーソンでも編集が行えるようになりました。

もちろん映像そのものを売りにするような、高画質でよく編集されたものは専門家に有料で任せたほうがいいですが、そこそこの品質のものであれば、素人でもできるようになりました。

(4) B2Bでも進む動画活用

動画活用は、B2Cの業界だけでなく、B2Bの業界でも今後進んでいきます。お客様へのカタログ紹介や、操作方法、トラブル時の対処方法など、従来は紙や冊子で発行していたものを動画にして配信することができます。最近ではバーチャル展示会も開かれるようになってきています。

(5) 技術革新に乗り遅れない

一方、そうしたネット対応のできていない古いタイプの、いわゆる街の不動産会社はいつの間にか駅前から閉店撤退しています。このような技術革新はどのような業界にも波及していきますから、できれば業界に先んじて取り入れ、遅くとも乗り遅れないようにはする必要があります。

ポイント

商品・サービス紹介に動画活用で乗り遅れない

068

ターゲティング広告で効率的に訴求する

一度サイトを訪問したユーザーは、関心層として捉えることができます。このユーザーに対してユーザー属性を調査し、自社のターゲットユーザーであれば、そのユーザーが利用する閲覧サイト等に広告を出すことによって、閲覧頻度を高め、認知度を高めて購入に導く方法があります。これをターゲティング広告と呼びます。

ターゲティング広告は、従来のマス媒体ではできなかった手法で、より低コストで確実にユーザーにアプローチすることができます。

ターゲティング広告は大きく分けて4種類あります。(1)オーディエンスターゲティング、(2)コンテンツターゲティング、(3)デバイスターゲティング、(4)ジオ（位置情報）ターゲティングです。

それぞれの特徴についてみていきましょう

(1) オーディエンスターゲティング

オーディエンスというのは、英語で視聴者のことで、人に的を絞ったターゲティング手法です。そのターゲティングの仕方は、

①属性ターゲティング

年齢、性別、居住地域などのデモグラフィック属性によってターゲットを絞ります。化粧品であれば何歳以上の女性にとか、不動産であれば居住地域で絞る等とかします。

②インタレストカテゴリーターゲティング

インタレストというのは趣味・嗜好・関心事ということで、スポーツや音楽、服装、料理など、その人の趣味嗜好を判別して

「人」に着目してターゲティングする方法です。

③サーチターゲティング

サーチとは検索のことで、その人の検索キーワードの検索履歴に基づいてターゲティングを行う手法です。例えばデジカメで検索した人に、デジカメの広告を表示する等します。

④リターゲティング

自社サイトやアプリなどの訪問履歴に基づいて、訪問した人をターゲットとする方法です。

⑤類似ユーザーターゲティング

企業側が設定したターゲットユーザー像に近いユーザーを探し出して広告を配信する手法です。

(2) コンテンツターゲティング

ユーザーが検索したサイトの内容（コンテンツ）に近い内容の広告を同じ画面や、他の媒体に表示させる方法です。

(3) デバイスターゲティング

デバイスとは機器のことなので、パソコンやスマホ、タブレット等ターゲットとなるユーザーが使っている可能性の高いデバイスを選んでターゲティングします。スマホの場合は、OS（Android／iOS）やOSのバージョン等細かい設定ができることもあります。他の広告手法と組み合わせて使われることが多いです。

(4) ジオ（位置情報）ターゲティング

ジオというのは、位置とか地理という意味で、ユーザーの位置情報に基づいてターゲティングを行う手法で、インターネット広告の種類で紹介したものと同じです。最近飲食店・居酒屋など店舗を営む広告主からの出稿ニーズが高まっています。

ポイント

自社・自事業にあったターゲティング手法を選ぶ

069

コンテンツマーケティングでプル型へ

(1) コンテンツマーケティングとは？

コンテンツマーケティングとは、顧客に対して良質なコンテンツ（内容・中身）を提供することで、潜在顧客を見込み客に育て、自社商品・サービスのファンになってもらい、収益を上げるマーケティング手法のことです。2010年代半ばから広まりました。

(2) 広まった理由

かつては、広告宣伝や営業活動などの形で提供者側から顧客にアプローチする売込み型のマーケティング手法（これをアウトバウンド〔内から外へ〕といいます）が主流で、顧客は必ずしも知りたい情報が提供されない広告に広告疲れを起こしていました。

それが、インターネットやメール等の新しい媒体の普及で、顧客への情報提供が容易になり、顧客サイドでは、自分が知りたいことを検索エンジンなどでサーチし、よく比較検討してから購買行動を取るようになりました。これにより売込み型のアウトバウンドの手法が通用しにくくなってきました。

このため、まだ購入前の潜在顧客を引きつけることによって引き合いを生み出すインバウンドマーケティング（外から内へ）手法が注目を浴びるようになりました。そこで重要になってきたのが、提供する情報の量と質、コンテンツとなってきたわけです。

「企業が伝えたいこと」を伝えるのではなく、「ターゲットユーザーが知りたいこと」に寄り添って情報発信する、ユーザーのニーズを起点とした情報の発信が必要となってきたのです。

(3) カスタマージャーニーとは？

カスタマージャーニーとは、顧客がどのように商品やサービスの情報を得て、購買に至るのかというプロセスを旅（ジャーニー）に例えたもののことです。インターネット普及以前から顧客の購買行動をAIDMA（アイドマ）等で捉える考え方がありましたが、インターネットの普及により、電通がAISASを提唱する等複雑で多様なプロセスが生まれてきました。

(4) 利用される顧客行動フレームワーク例

カスタマージャーニーマップ作成で使われる顧客行動フレームワークはいろいろありますが、ここでは2種類を紹介します。

①AICPRA：Awareness（認知）→Interest（興味）→Consider（検討）：購入の検討→Purchase（購入）→Repeat（継続）：→Advocacy（応援）：他人に勧める

②DECAX：Discovery（発見）：検索して見つける→Engage（関係構築）：提供者と関係を持つ→Check（確認）：内容確認を行う→Action（行動）：購入等の行動→Experience（体験と共有）：購入後の利用体験と他者との共有

(5) 各プロセスでの活動

カスタマージャーニープロセスは、同じ商品・サービスでも顧客のペルソナによって変わり得ます。このため、複数のペルソナ設定を行い、それに合わせて提供する情報やコンタクトの取り方を変えて、より効果的・効率的に結果に結びつくように対応を変えていく必要があります。

(6) コンテンツマーケティングの効果

コンテンツマーケティングは、①高いコンバージョン率、②コンテンツがストック（資産）になる、③ブランディングが行える、といった効果があると言われています。

ポイント

コンテンツマーケティングで顧客を獲得する

070

オウンドメディアを充実させる

(1) オウンドメディアとは?

メディア(媒体)には3種類のメディア(トリプルメディア)あると言われています。

①「ペイドメディア」(Paid Media:通常のお金を払って広告を載せる媒体)

②「アーンドメディア」(Earned Media:顧客やジャーナリスト等が作る企業が購入や所有ができない媒体)

③自社のウェブサイト・ブログ等のオウンドメディア(Owned Media:自社で所有しているメディア)

オウンドメディアには、自社ウェブサイトやブログ、自社発行の広報誌やパンフレット、カタログ等の企業や組織自らが所有し、消費者に向けて発信する媒体があります。インターネットとそれに関連した技術革新により、企業はユーザーと直接つながるオウンドメディアを持てるようになりました。

(2) オウンドメディアが注目される背景

①アウトバウンドの広告効果の低下

前項のコンテンツマーケティングで触れたように、インターネットとスマホの普及により、ユーザーは自由に情報を得られるようになり、従来型のアウトバウンド(企業から消費者へ)の広告効果が薄れてきました。

②グーグルの検索結果表示方式の変化

インターネット普及初期には、検索結果の上位に表示されることを狙って、SEO(Search Engine Optimization:検索エンジン最適化)対策だけのための低品質コンテンツ表示等で、広告効果が低下することとなり、グーグルに対する評価が下がりました。そのためグーグルは、検索結果の表示方式をコンテンツ重視に変えました。それにより、充実したコンテンツ提供が重要となり、オウンドメディアが注目されるようになりました。

③ストック型コンテンツ重視へ

SNS等のソーシャルメディアによる情報発信は、かなり一般化してきましたが、フロー型といって、タイムラインに投稿された記事が時間経過で表示されなくなるため、コンテンツが資産として蓄積しにくい面があります。

一方、オウンドメディアは、企業のWebサイトなどで蓄積されるストック型であるため、過去のコンテンツもアーカイブとして保存でき、ユーザーが必要に応じて参照することができます。

④デバイスの変化

先にみたように、PC普及率よりもスマホ普及率の方が高まり、ユーザーは、通勤などの移動時間中に暇つぶしにコンテンツを読んだり、楽しんだりするようになってきました。ある調査によれば、スマホ利用時間の約40%以上がコンテンツ閲覧に時間を消費しているともいわれています。こうしたユーザーに対してコンテンツ形式で情報提供する手法が有効になってきています。

(3) オウンドメディアに必要な一体性、一貫性

このようにオウンドメディアが重要視されるようになってきましたが、そうした中で大切なのが、ユーザーに対してどのような情報をどのような形で提供するかということです。ユーザーが欲しい情報がどこにあるのか見つけやすく、かつ評価や購買に繋がるような情報提供が必要になっています。

ポイント

重要になったオウンドメディアの整備とコントロール

071

コンテンツマネジメントシステム（CMS）を整備する

コンテンツマーケティングでオウンドメディアが重要視されるようになるにつれて、提供者側のコンテンツマネジメントが重要になってきました。

そのコンテンツマネジメントをシステム面でサポートするのが、コンテンツマネジメントシステム（CMS）です。

従来型のホームページは、作成や更新にHTML等の知識が必要で、専門家にいちいち依頼する必要がありました。それに対して、CMSでは、コンテンツ部分は素人でも更新できるようにしました。これにより、専門の知識が無くても、広報やIR担当者が自分で作った掲載文章を自社のホームページにアップできるようになったのです。

CMSは、ホームページ等のウェブコンテンツを構成するテキストや画像、デザイン・レイアウト情報などを一元的に保存・管理できるようになっています。そして、テキストや画像・映像データがテンプレートとは別に管理されているので、以下のメリットがあります。

①専門知識がなくてもWebページの更新・追加ができる

例えば、新しい記事を書いた際に、その作成者が該当ページに新たに記事挿入することができます。このため、作成から短時間、短期間でアップしたり、更新したりできます。

②Webサイト運用の分業化ができる

Webサイトの管理者とコンテンツの管理者を分け、コンテンツによって営業担当であったり、広報・IR担当であったりとコンテンツ担当も分けることができます。

③マルチデバイスへの対応ができる

1つのシステムでPCやスマホ等の閲覧デバイスに対応してレイアウトを変更して表示させることができます。

④ユーザーの行動履歴によってレイアウトを自動変更

ユーザーの閲覧行動に応じて表示レイアウトを自動的に変更できる機能を備えたCMSもあります。

⑤複数のプログラミング言語対応可能

コンテンツによって記述言語を変えても対応可能です。

企業のCMS利用ではWordPressが圧倒的に多く、上場企業の9割近くが利用しています。商用CMSではMovable Type、ShareWith、Blue Monkey、NOREN等があります。

さらにCMSのメリットとして、以下の2つがあります。

（1）検索エンジン対策

CMSを利用すると、GoogleやYahoo!等の検索エンジンが参照するタイトルタグやmeta descriptionタグなどを設定でき、SEO効果を高める設定を簡単に行えます。

（2）SNS連携

CMSのページ上にFacebookの「いいね！」ボタンやTwitterの「ツイート」ボタンを簡単に設置できます。するとそのページを読んだ訪問者自身が使っているSNSで参照コメントをすることで情報を拡散する可能性が向上します。

また、CMSページ上のトピックスや新着情報を更新すると、同じ内容を自動的にSNSにも投稿する連携機能を備えたCMSもありますので、ホームページとSNSの連携運用のさらなる効率化も可能です。

ポイント

CMSツールをコンテンツマーケティングに活用する

072

マーケティングオートメーション（MA）を組み込む

(1) マーケティングオートメーションとは

マーケティングオートメーション（以下MA）は、獲得した見込み客の情報を一元管理して、メール、SNS、ウェブサイト等のマーケティング活動をソフトウェアで自動化、可視化するツールのことをいいます。日本では2014年頃から始まりました。

(2) SFA、CRMとの違い

MAとSFA（セールス・フォース・オートメーション）やCRM（カスタマー・リレーションシップ・マネジメント）と以下のような違いがあります。

・MA……見込み客（リード）を育成、選別するプロセス
・SFA……商談開始から購買・成約するまでのプロセス
・CRM……既存顧客との関係維持・向上を行うプロセス

業務の流れで言うと、MA→SFA→CRMとなります。

(3) MAでできること

①見込み顧客情報の一元管理

セミナー客の名刺、資料請求を行った個人や企業、面談して交換した名刺等を一つのデータベースで管理します。

②メールによる見込み顧客との継続的なコミュニケーション

HTMLメールで開封確認を行い、開封状況等に応じてその後の送付メールを変えたり、ステップメール等で見込み客を育成したりしていくことができます。

③現時点で購入・サービスを検討している顧客の抽出

見込み客ごとにWebサイト上での行動履歴を把握し、条件に合致する顧客を抽出してアプローチできます。

ソフトウェアによっては、来訪した顧客企業の情報を入手して、電話等のコンタクト先が取得できます。

（4）MAのプロセス

MAをDRM（ダイレクトレスポンスマーケティング）に活用したプロセスは、以下となります。

①顧客のコンタクト先の入手（会社名、個人名、メールアドレス等）→②コンタクトメールの配信→③到達・開封・クリック・コンバージョン（CV）数・率の確認→④2回目以降の育成・ステップメール配信→③と同様の分析→⑤SFA（営業担当者によるコンタクト等）のプロセスへ

（5）ペルソナ設計とカスタマージャーニー策定

MAを活用してコンテンツマーケティングのプロセスを組み立てる際に重要になるのが、ターゲット顧客像であるペルソナ設計と、そのペルソナが辿るカスタマージャーニー策定です。

ペルソナは、B2Cであればエンドユーザー像ですし、B2Bであれば、顧客窓口の担当者像となります。業種・業態や企業規模、関心領域等によっていろいろなペルソナ設定が必要です。

カスタマージャーニーは、そのペルソナが自社の商品・サービスに気づくところから、購買・成約に至るまでのプロセスを描き、それぞれで必要となるコミュニケーション内容を設計します。

（6）MAの効果

MAには、①マーケティング業務の効率化、②商談の質と量の向上、③営業生産性向上の効果があると言われています。

（7）日本で主力のマーケティングオートメーションツール

Salesforce Marketing Cloud, b→dash, Marketo Engage, AutoLine, SATORI, Pardot等があります。

ポイント

MA活用でより効率的効果的なマーケティング活動を

073

ダウンロードサービスで、潜在顧客を増やす

自社のサイトを訪問したユーザーに対して、製品・サービスカタログや事例紹介資料、資料データ、記入用フォーマットなどをダウンロードできるようにするサービスがあります。

ユーザーは、自分の関心があることについて情報収集をしたいと思って検索し、自社のサイトに辿り着いてくれます。そこで情報提供を行う資料があれば、ダウンロードしてじっくり見たいと思います。

そのダウンロードの際に、ユーザー名やメールアドレス、会社名、電話番号などの登録が必要にしておけば、後でこちらからコンタクトを取ることができます。

例えば、SFA（営業支援システム）ツールの導入を検討することになって、情報収集担当者としてネットから情報収集することになったとします。パソコンで「SFA」と検索すると、他のサービスプロバイダーとともにSalesforce.comが検索結果の上位に出てきます。有名な会社なので、候補先の1社に加えようとクリックすると同社のサイトに飛びます。すると「営業○○レポート」とあるので、入手しておこうと思ってクリックすると、氏名や会社名、メールアドレス等の入力が求められます。面倒だと思いつつ入手するためにはやむを得ないと思って入力すると、その資料がダウンロードできるようになっています。無事資料は入手できるのですが、その後同社から、メールが届いたり、電話が掛かってきたりします。

このようにして、同社は見込み客を増やしています。従業員数を入れる欄がありますから、予め従業員数○○名以上の会社を

ターゲットにすると定めておけば、対象外のユーザーを除外することもできます。

このようにダウンロードユーザーを直接追いかける手法もありますが、その後メールマガジンに登録して、自社が発行するメルマガを送り届け、営業支援ツールに関する活用事例や最新機能等を紹介する等して自社及び自社製品に対する理解、親近感を増してもらい、その後のコンタクトやアプローチに活かすような手法もあります。

かつてのイベント、セミナーなどでの名刺交換、メール、電話でコンタクトという手法では　人数や機会に限りがありましたが、こうしたネットを使った手法であれば、より広く網掛けを行うことができます。

ただし、インターネットを通じてコンタクト、情報収集をするユーザーは、こちらからのコンタクトを好まなかったり、人を介したコミュニケーションを忌避したりする傾向もあるため、ユーザーの許諾を得て行う必要があります。メルマガなども、本人意思で解除できるようにするなど配慮が必要です。こうしたやり方をパーミッション（許諾）マーケティングといいます。

ダウンロードサービスでは、この他資料提供だけでなく、ユーザーが使えるフォーマット等を提供するサービスも可能です。フォーマットを提供すれば、その記入例が見たくなるでしょうし、記入方法を解説した書籍や文献も参照したくなる可能性があります。また、自社だけでは使いこなせない場合、資料作成を依頼してくるということも可能性として出てきます。補助金申請などではこうしたサービスがよく見られます。

ポイント

ダウンロードサービス等顧客への資料・情報提供を行うことで、コンタクトのきっかけを作る

074

ブログを続けて、潜在顧客を顕在化させる

Web上に日記風のログ（log：記録）を残すことができるようにしたのが「ブログ」（ウェブログの略）で、個人の利用から始まりましたが、近年企業の利用も増えています。自社サイトを閲覧した人や、資料をダウンロードした人等にメールアドレスを登録してもらい、そうした人たちに定期的にブログ配信を行うことで、商品・サービスを紹介したり、自社サイトの閲覧を増やしたり、最終的には購買や引き合いに繋げることもできます。

ブログは、利用目的により以下の3種類に分類できます。

(1) ビジネス用ブログ（企業ブログ）

企業・法人がビジネス目的で使うためのブログで、一般企業のブログ、ECサイト（インターネット通販サイト）のブログ、個人事業主のブログ等があります。利用目的は、その運営サイトへのアクセス数アップや商品・サービス紹介です。

(2) アフィリエイト用ブログ

ネット専用の広告代理店（ASPといいます）に登録された企業の商品やサービスを紹介し、その商品が売れたり、会員登録されたりした場合に成果報酬がもらえるものです。副業が解禁されたため始める人が多くなっています。主に個人の人が書いていることが多いです。

アフィリエイトのカテゴリーには、健康、スポーツ、美容・健康、エンタメ、不動産・引越し、恋愛・婚活、グルメ・食品、金融・投資・保険、ギフト等があります。

(3) 個人用ブログ

個人が自分の好きなジャンルについて、好きなことを趣味的に

書いています。書き手としては、ブログのアクセス数が増えたり、反応があったりすると励みになります。またここから同じ趣味を持った友人を増やすこともできます。個人利用の場合でも、GoogleのGoogleAdSense（グーグルアドセンス）というサービスを使うことで広告掲載も可能となり、それで広告収入を得る人もいます。

ブログには、無料で利用できるものと、有料で利用するものとがあります。

①有料ブログ（インストール型）

自社・自分でサーバーをレンタルし、そこにWordPress等のブログにも使えるソフトをインストールして使うタイプです。ブログソフト自体は、無料のものと有料のものとがあります。

②無料ブログ（レンタル型）

Amebaブログなどのサービサーがブログ用のサーバーとテンプレートを提供し、それを利用するタイプで、以下が主要なサービス例です。

・FC2：デザインテンプレートが約6000種類と豊富
・Ameba：多くの芸能人がブログ利用していることで有名
・livedoor：カスタム性に優れていて、トップページやカテゴリー、個別の記事など各ページでカスタマイズ可能

Amebaブログ（通称アメブロ）は、芸能人が多く、ブログの閲覧PV（Page View）が月に1億回を超える人もいて、そこに広告が掲載されて、多額の広告収入を得ている人もいます。

企業で使う場合は、ホームページをWordPress等のようなCMSで構築し、そのコンテンツの一つとしてブログを載せ、顧客のファン化を図ります。

ポイント

ブログで潜在顧客に情報提供し続け、顕在顧客化する

075

SNSを口コミマーケティングに活用する

インターネット広告の項でSNS広告に触れましたが、LINE、Twitter等のSNSは、広告掲載媒体としてだけではなく、利用者の関連投稿で口コミが広がるという口コミ媒体としても活用できます。口コミマーケティングは、英語ではバズマーケティングやバイラルマーケティングとも呼ばれています。「バズ」（buzz）とは「噂をする」、「バイラル」（viral）とは「ウイルス性の」という意味です。バズがどちらかというと話題性を狙ったものであるのに対して、バイラルは人から人へ（ウイルスが感染するように）の伝播を狙っています。

(1) SNS口コミマーケティング事例

- Airbnb：口コミマーケティングの仕組みを利用して、口コミしてくれる人とそれを受ける人の両方にトラベルクレジットを配布し、旅行者にサービスを宣伝してもらうことを促し、その結果、認知度と利用が高まりました。
- はなまるうどん：4月1日のエイプリルフールの日に、「ダイオウイカの天ぷらを出す」という趣旨のつぶやきをして、評判になり通常の24倍のアクセスがありました。
- 無印良品：「無印と言えば、○○」という無印の特徴を言い表す表現を募集し、応募者に10%引きのクーポンを渡すとしたところ、応募増加と売上アップ効果があったとのことです。
- AKB48：商品ではありませんが、東京ドームコンサートの名前を募集したところ、話題になり、17万通もの応募があり、話題性が高かったとのことです。
- ハーゲンダッツ：「あのフレーバーをもう一度！」というキャ

ンペーンを各SNS上で募集したところ、たくさん応募が集まり、復活したフレーバーもよく売れたとのことです。

(2) 口コミマーケティングのポイント

①話題性

口コミの対象となる事柄の話題性が重要です。「ねぇ、ねぇ知ってる？」とつい人に話したくなる、SNS上でバズりたくなるような話題です。

②お得感

話題にしたり、名前を付けたり、応募したりすることで、その人にクーポンなどお得なものがもたらされるようにすることが必要です。

③簡単に反応できる

リツイートしたり、何かを書き添えて投稿したりするだけの簡単な動作、行動で出来るようにしておく必要があります。面倒くさいとなると途端に行われなくなります。

④インフルエンサーを活用する

フォロワーが多いインフルエンサーを使うと、最初に伝わる人たちが多いため、そこからの拡散がさらに増えます。また、インフルエンサーの盛り上げぶりも影響を与えます。

(3) 口コミマーケティングの使い方

①SNS投稿……LINEやTwitter、Facebook等のSNSに投稿を行います。

②ハッシュタグ…＃エイプリルフールのようにハッシュタグ（＃）を付けて、投稿します。検索に役立ちます。

③動画等画像……動画などを添えて、見てもらえる投稿を作成すると効果的です。

ポイント

口コミマーケティングもSNS活用法の一つ

076

その他のネットを使ったマーケティング手法を活用する

この外にも最近可能になった新たな手法があります。

(1) 決済の容易化で購入しやすさを高める

かつてネットで購入となると、クレジットカード払いか銀行振り込みか代引きかという選択肢で、クレジットカードが使えないと、支払いが不便でした。

最近では、中国発で流行ったQRコード決済（日本ではPayPay等）や、PayPal等のオンライン決済が可能となり、選択肢が広がってきました。決済方法がボトルネックとならないようにしましょう。

(2) 入手しやすさの選択肢を広げる

リアルかネットかという二者択一でなく、持ち帰り対応や、デリバリーサービス（ウーバーイーツ、出前館等）を活用することで、お店でしか楽しめなかったものが自宅やオフィスでも楽しめるようになってきました。コロナ禍で店舗で楽しめない分、家庭などで楽しむという選択肢が広がりました。

また、ネットで注文して、通勤途上の駅の店舗やロッカーで受け取るというようなサービスも出てきました。

(3) ネットのキーで受け渡し

カーシェアリングサービスやシェア駐車場利用も、スマホに届けられるネットのキーで利用が可能になり、直接鍵の受け渡しをしなくて済んだり、対面でのやり取りをしなくても利用や決済ができるようになったりすることで、ビジネスモデルの幅が広がってきました。

(4) バーチャル体験でリアルに誘導

コロナ禍でマンションのモデルルームや、住宅展示場のモデルハウスや自動車のショールームに行くのが憚（はばか）られるようになり、バーチャルショールームや、ライブカメラを使ったバーチャル体験が行えるようになりました。わざわざ専用のビデオカメラを入手しなくても、手持ちのスマホのカメラ機能でライブ中継が行えるようになったので、機材が障害とならなくなってきました。

また、バーチャルで体験することで、当てを付けてからリアルを楽しめるというやり方もできるようになりました。

もちろん中には没入感のあるバーチャル体験を売りにした3DものやARものも出てきていて、今後のサービス拡大に期待が持てます。

(5) 顧客の声を紹介する

コンテンツマーケティングの手法の一つと言えますが、ホームページ等にお客様の声を載せることで、提供者側からの紹介、売込みだけでなく、実際の利用者がどのような点をどの程度評価しているかが分かるようにしてあることで、見込み客に対して信頼感を増すことができます。その顧客の声もリアルで投稿・更新可能としておけば、より信頼性が増します。Amazonのレビューなどを見ても、悪いこと、気に入らないことも書いてあるので、かえって信頼性が増します。

(6) 顧客同士の橋渡しをする

メルカリが流行ったのは、低額の手数料でエンドユーザー同士が売ります・買いますができるようになったことです。そうした顧客同士の橋渡しをするビジネスも今後拡大が期待されます。

ポイント

ネットの普及と技術の進歩で新たに可能になったことを、フルに活用する

第8章

M＆Aと提携戦略を検討する（S3）

この章では、近年盛んになってきたM＆Aと提携戦略について、それらを成功させるためのポイントを中心に説明します。

077

やりやすくなったM＆Aを活用する

かつては企業文化が違うなどの理由で忌避されてきたM＆Aですが、近年は統合メリットの活用や多角化を狙って国内で毎年2,000件から3,000件と増加傾向にあります。特に2019年度では初めて4,000件を突破しました。

M＆Aを類別すると、IN-INと呼ばれる日本企業同士のM＆Aが7割以上を占め、次いでIN-OUTと呼ばれる日本企業による外国企業へのM＆Aが2割程度、残る1割以下がOUT-INと呼ばれる外国企業による日本企業へのM＆Aとなっています。

IN-INのM＆Aが増加している背景には、(1)国内市場の成熟化と (2)オーナー経営者の高齢化があります。

(1) 国内市場の成熟化

少子高齢化、経済成長率の鈍化により国内市場の伸びしろが少なくなり、パイの奪い合いで価格競争が激しくなり、収益性が低下しました。その結果、企業同士が合併したり買収したりすることで生き残りを果たそうとしています。例えば鉄鋼メーカーは、今では高炉大手は日本製鉄グループとJFEグループ、神戸製鋼等3社に絞られてしまいました。製紙メーカーも合併を繰り返し、大手は王子製紙グループ、日本製紙グループ、段ボールのレンゴー等にまとまりました。

(2) オーナー経営者の高齢化

日本経済の成長期に起業したオーナー経営者も高齢となり、次世代に事業継承が必要となっていますが、親族や社内に継承者がいない等の理由で、会社を他企業に売却するという例が増えてきています。最近話題を呼んだ例としては、2019年に健康食品大手のファンケルがキリンホールディングスと資本業務提携したことでしょうか。ファンケルは池森会長が起業した典型的なオーナー企業でした。

中小企業庁の調査では、75歳を超える中小企業経営者は、2025年までに約245万人、うち半数は後継者が未定とのことなので、事業承継的なＭ＆Ａも増加すると予想されます。

IN-OUTの案件の増加は、日本企業の海外進出があります。自動車や電機などは早くから海外進出していますが、近年多いのは食品や飲料等のもともと国内市場中心に事業展開してきた業種・業態です。例えば、アサヒグループホールディングスは2019年に世界ビール最大手のアンハイザー・ブッシュから豪州の全事業を買収しました。今後も内需型企業の海外展開は続くでしょうから、IN-OUTも続くものと思われます。

リストラの90年代、2000年代を乗り越えてキャッシュリッチになった日本企業は、Ｍ＆Ａの資金は潤沢になっていますが、景気動向との関係でいうと、景気後退局面では、買い手側の収益力が下がるため、買い控えが起きやすくなります。

Ｍ＆Ａを目的別に捉えると、「34.アンゾフのマトリックスを活用して成長の種を探す」で見たアンゾフのマトリックスの４象限でいうと、(1)既存の国内市場で規模の経済を追求する市場浸透型のＭ＆Ａ（鉄鋼や製紙業界の例）や、(2)海外市場に進出する際に現地の企業を買収して進出する市場開拓型のＭ＆Ａ（アサヒの例）、(3)既存市場に新しい商品・サービスを提供するための新製品・サービス開発型のＭ＆Ａ（キリンとファンケル）、(4)多角化のためのＭ＆Ａ（富士フイルムによる製薬の富山化学の買収）等いろいろなタイプのＭ＆Ａがあり得ることが分かります。

ポイント

既存事業・新規事業ともにM&A手法が使える

078

M&Aの種類とプロセス

一口にM＆Aといいますが、M＆Aにはいろいろな種類があります。一般に企業と企業の提携のうち資本の異動を伴うものをM＆Aといいます（広義のM＆A)。このうち株式を買い取ることでその会社を支配下に収めることを企業買収、いわゆるM＆Aといいます（狭義のM＆A)。

企業買収には、株式を取得して資本参加したり、事業譲渡により資産買収を行なう「買収」と企業同士が吸収合併したり新設合併したりする「合併」と、逆に新設分割したり、吸収分割したりする「分割」とがあります。

M＆Aを行う際にはどのような形態が双方にとって望ましいのかをよく検討し、合意の上で実行する必要があります。

M＆Aのプロセスは、実際には細かなステップがありますが、一般的には大きく分けて3ステップとなります。

（1）ステップ1．M＆Aスキームの決定まで

まず企業内部で何のためにM＆Aを行うのか、その目的を定め、M＆Aを行う戦略を練ります。その上でM＆Aの仲介会社にアプローチし、複数の仲介会社の中から1社を選び、FA契約（ファイナンシャル・アドバイザリー契約)、NDA契約（Non-Disclosure Agreement）を結びます。そして仲介会社から候補先リスト（ロングリスト）を示してもらい、対象となる企業分析を行い、アプローチの優先順位を決めます。そしてどのような形態でM＆Aを行うのかというスキーム（枠組み・計画）を決めます。

（2）ステップ2．企業分析～対象企業にアプローチするまで

スキームが決まったら、候補を選定し、仲介会社から買い手に

「ノンネームシート」といって企業名を伏せたものが提示され、Ｍ＆Ａの意思確認が行われます。意思確認が取れたら売り手側社名を明かして（ネームクリア）、買い手側に候補企業の「企業概要書」が提示されます。買い手側では売り手側に関する細かな企業分析を行い、シナジー効果等を推定します。買収金額の推定も行います。候補先企業分析を終えたら、対象企業にアプローチします。

(3) ステップ3. アプローチからクロージング実施まで

候補企業にアプローチして、面談や調査等を行い双方合意できたらトップ面談に進みます。トップ面談がOKであれば、買い手側が「意向表明書」を提出し、その後基本合意書の締結を行い、会計士等の専門家を雇ってデューディリジェンス（買収監査）を実施します。そして「最終譲渡契約書」を締結し、決済や株券の譲渡が進めばクロージングとなります。

<table>
<tr><td rowspan="16">企業提携</td><td rowspan="13">資本の移動を伴う提携
（広義のＭ＆Ａ）</td><td rowspan="11">企業買収
（狭義のＭ＆Ａ）</td><td rowspan="5">買収</td><td rowspan="3">株式取得
資本参加</td><td>株式譲渡</td></tr>
<tr><td>新株引受</td></tr>
<tr><td>株式交換</td></tr>
<tr><td rowspan="2">事業譲渡
資産買収</td><td>一部譲渡</td></tr>
<tr><td>全部譲渡</td></tr>
<tr><td rowspan="2">合併</td><td>吸収合併</td><td></td></tr>
<tr><td>新設合併</td><td></td></tr>
<tr><td rowspan="4">分割</td><td rowspan="2">新設分割</td><td>分社型分割</td></tr>
<tr><td>（分割型分割）</td></tr>
<tr><td rowspan="2">吸収分割</td><td>分社型分割</td></tr>
<tr><td>（分割型分割）</td></tr>
<tr><td>株式の持ち合い</td><td colspan="3">業務提携の補強</td></tr>
<tr><td>合弁企業の設立</td><td colspan="3">リスクの分散</td></tr>
<tr><td rowspan="3">資本移動を
伴わない提携
（業務提携）</td><td>共同開発・技術提携</td><td colspan="3">研究開発部門の補充・強化</td></tr>
<tr><td>OEM提携</td><td colspan="3">工場生産部門の補充・強化</td></tr>
<tr><td>販売提携</td><td colspan="3">営業販売部門の補充・強化</td></tr>
</table>

出所：木俣貴光「企業買収の実務プロセス」中央経済社より作成

ポイント

Ｍ＆Ａは目的を明確にして、ステップを踏んで行う

079

買収価格の算定

Ｍ＆Ａ対象企業の企業価値を評価する方法には大きく三つの方法があります。

(1) コストアプローチ

コストアプローチとは、貸借対照表（バランスシート）の純資産をベースにした評価方法で「純資産法」とも呼ばれています。株式公開していなくてもどの企業も財務諸表は作成していますから、財務諸表ベースで算定することができます。

コストアプローチには、さらに3つの方法があります。

①簿価純資産価額法

貸借対照表上の資産から負債を差し引いて株主持ち分を算出する方法です。ただし帳簿は取得原価主義なので、時価が反映されにくいという難点があります。

②時価純資産価額法

帳簿上の資産や負債を時価評価し算定します。ただし時価評価のための時間が掛かります。

③時価純資産価額法＋営業権（のれん）法

時価純資産価額に会社の収益力である営業権（のれん）を考慮することで、将来の企業価値を加味して表す方法で、コストアプローチの中では最もよく使われる方法です。簡便な計算方法は、純資産額＋のれん代で、のれん代を直近の営業または経常利益×5倍程度で見込みます。

(2) マーケットアプローチ

類似企業や市場での株価を基準に算定します。類似企業に適合した会社が見つかれば、客観性の高い時価評価が行えますが、ベンチャーなど創業間もない企業や類似企業が見つかりにくい場合には適用しにくい方法です。またその時の株価水準がマーケットの状況によって影響を受けやすくなります。マーケットアプローチには、①類似会社比準法と②類似業種比準法と③市場株価法の3種類があります。類似会社比準法では、類似した株式公開をしている複数企業の財務指標の平均値から、対象企業の株価を算定します。市場株価法は上場企業にのみ当てはめられる手法で、過去6ヶ月程度の平均株価を評価額とする手法です。

(3) インカムアプローチ

インカムアプローチは、将来生み出すであろう利益またはキャッシュフローに注目し、それにリスク等を加味した割引率を適用して企業価値を導き出す方法です。①収益還元法、②配当還元法、③DCF法の3つがあります。

①収益還元法

企業・事業の将来の利益を推測し、そこに事業リスクを加えて割引率を適用して企業価値を算定する方法で、不動産などの収益物件の取得などに用いられます。

②配当還元法

株主が受領する配当金に注目して企業評価する方法です。

③DCF法

将来得られるフリーキャッシュフローを推定し、それに継続価値を加えた上で、資本コストで割引計算をして事業価値を算定し、それに現預金・余剰資産といった非事業用の資産を加算して「企業価値」とします。

将来のフリーキャッシュフローの算定精度に依存します。

ポイント

様々な企業価値算定方法の中で適したものを利用する

注・本項は株式会社M&A総合研究所等のサイト情報を参考に作成しました。

080

M&A案件の評価方法

Ｍ＆Ａ案件を評価する視点には以下のようなものがあり、これらを総合してＭ＆Ａの可否を検討します。

(1) シナジー効果の見極め

よく言われますが、自社と対象会社がＭ＆Ａでくっつくことにより、どのような統合効果が生まれるかということで、販売・営業面での売上増等のシナジー効果や生産・製造面でのスケールメリットやコストダウン効果、製品・サービス開発面での創発効果、購買面でのコストダウン効果、管理部門を統合することによるコストダウン効果等があります。

Ｍ＆Ａは買ってからでは遅いので、事前にシナジー効果を見極めることが重要です。

(2) 負の遺産・資産のリスク

事前にデューディリジェンス（DD）を行いますが、そこで見つけられないような負の遺産や資産といったものもあり得ます。会計帳簿に現れない取引や契約等の存在がないかどうか、対象会社だけでなく取引先等にも確認を取る必要があります。

(3) 買収価格の高低

実際の買収価格は、前述の企業価値をもとに交渉が行われます。もし他に買収したい企業があり、競り合いになった時に買収プレミアムが付くことになり、その分買収価格が釣り上がります。売り手は競り合いを好みます。仮に他社よりも高い価格でビッディングして、買収競争に勝っても、日本基準の財務会計ではのれん代の償却が必要となり、その償却費によって向こう数ヵ年利益が圧迫される可能性があります。IFRS（国際会計基準）

では、のれん代を償却しなくてもよいことになっていますが、会計ルールが将来変わらないとも限りません。高いのれん代を支払わないに越したことはありません。

(4) 買収による人的資産やノウハウの消失リスク

買収されたことによりその企業から重要人物が去って行ったり、人物に紐づいた重要ノウハウが消失したりするリスクがありえます。事前に確定することは難しいのですが、そうしたリスクがあることも考慮に入れて置く必要があります。

(5) 統合効果を発揮できる可能性

日本企業によるＭ＆Ａの9割は失敗と言われています。その理由は、PMI（Post Merger Integration）と呼ばれるＭ＆Ａ後の統合が効果的に行われないためです。統合効果を発揮できるようにするためには、Ｍ＆Ａした会社に乗り込んで行って、その会社を統治・改革できる人材が必要です。カルロス・ゴーンはルノーから日産に乗り込んできて、短期間のうちに日産を高収益企業に変身させました。一般に日本企業にはこうした統治・改革できる人材が不足しています。

日本電産が他の小型モーター企業を買収しても成功を収めているのは、わずか1年でその企業を収益体質に転換できるからです。Ｍ＆Ａに積極的に取り組むのであれば、そうしたPMIを成功させる人材・ノウハウが必要でしょう。

(6) 競合他社に買収されるリスク

買収するかしないかの判断を行う際に、仮に自社が買収しなかった場合、競合他社に買収されて、その結果不利になるということもあり得ます。限られたパイを奪い合うような間柄の場合は、そうしたリスクも検討しておく必要があります。

ポイント

Ｍ＆Ａによるメリットとリスクを多角的に評価する

081

M＆A後の統合（PMI）

PMI、M＆A後の統合領域は5つあると言われています。

（1）組織の統合

組織関係では、2社がくっついた後の組織構造を決めるとか、職務権限を再定義するとか、人員配置を変えるとか拠点を統合するなどのポイントがあります。規模の違いが大きい場合には、一事業部として扱うというようなケースもよく見られます。この組織の統合は、目に見えるハードな面なので、比較的短期間に実施することができます。

（2）戦略の統合

戦略面では、統合後のビジョンや経営目標設定、事業領域ドメイン定義、シナジーを具現化するための戦略、製品・サービスポートフォリオの見直し等がポイントとなります。

こちらは、新たな中期経営計画などを策定し、統合した先のビジョンを示したり、そこに向けての戦略を明確化したりすることで、具体化できます。計画立案自体は短期間で行うことができますが、問題はその戦略の実施が思うように進むかどうかです。実行力が問われる部分です。

（3）業務プロセスの統合

業務プロセス面では、営業や販売、マーケティング活動、物流プロセス、生産工程、取引条件や基準の統合などが必要になり、実務に直接的な影響を与えるだけに、かなり難渋します。どちらかに合わせることにした場合、合わせさせられる方に大きな負荷がかかります。一方、それを理由に統合が進まなければ、シナジー効果が得られない可能性もあります。

(4) 制度・システムの統合

制度システム面では、経営管理制度や人事制度、情報システム、各種社内規定等があります。この中で厄介なのが人事制度と情報システムです。

人事制度は、給与と紐づいているだけにどちらかが不利になるような合わされ方をすると、従業員満足度の低下や離職に繋がる可能性があります。

情報システムは、みずほ銀行がシステム統合に失敗したように、最初からどちらに合わせるかはっきりさせておいた方が良いでしょう。東京三菱銀行とUFJ銀行との合併では、東京三菱銀行側に合わせることでシステム統合後の問題は出ませんでした。新たにシステム開発を行うには、特に基幹系の場合には時間を要するためどちらかに合わせるのがベストです。

(5) 企業風土の統合

企業風土面では、企業理念の再構築やCI（コーポレートアイデンティティ）、人材マネジメント等がありますが、目に見えないものであるがゆえに統合が難しくなっています。具体的には人をミックスさせたり、統合後の理念を明確化させたりしてそれを行動規範として徹底させていくのが良いでしょう。

統合の事例ではありませんが、京セラの稲盛さんによるJALの改革は、JALの人たちの心根を、京セラフィロソフィーを参考にしたJALフィロソフィーで刷新した事例があります。そうしたことまですれば、人の気持ちは変えられます。

以上見たように、PMIの5つの領域について、統合後のなるべく早い段階で、ロードマップを作成し、計画的に取り組んでいくと良いでしょう。

ポイント

PMIの5領域について統合ロードマップを作成する

082

提携形態はいろいろなバリエーションから選ぶ

Ｍ＆Ａの項で資本移動を伴わない提携として業務提携があることを紹介しました。提携にはいろいろな形態があります。販売提携、OEM提携、共同開発・技術提携等です。

自社の経営資源には限りがあることを前提に、他社の力を借りる提携ということも経営の選択肢としてはあります。

(1) 販売提携

メーカーの場合、自前で販売網を構築するにはコストと時間が掛かりすぎます。このためすでに販売網を持っている商社等と代理店契約を結ぶといった選択肢があります。こちらは開発や製造に集中できる分経営資源の分散を避けることができます。一方商社側は、売れる商材であれば販売の選択肢が広がったほうがいいので、売れそうなメーカーと代理店契約を結ぶということがあります。ただ販売提携の場合、自社の製品だけを売ってくれるわけではなく、他社の製品もある中で自社の製品も売ってもらうということで、商社側の力の入れ方によって販売動向が左右されます。

また、すでにリアルで販売網がある場合、ホームページ経由のネット販売を始めようと思うと、既存の販売網から反発を食う可能性もあります。仮にネット販売をスタートしても、誰も見に来ないのでは売り上げに繋がりませんから、それぞれの販売方法のメリット・デメリットをよく見比べて選択する必要があります。

(2) OEM提携

OEMとは、Original Equipment Manufacturingの略で、OEMを依頼する側と依頼される側それぞれで検討のポイントが異なります。

まずOEMを依頼する側ですが、自社に生産能力がない場合に、生産能力を持った会社に生産を委託します。アップルなどが典型例で、自社工場を持たず、台湾の鴻海などに製造委託しています。鴻海は、中国の奥地に工場を建て、安い労賃の従業員を集め、アップル製品の組み立てを行わせます。もちろん品質管理は先進国向けに厳格に行います。これによりアップルは販売価格は先進国向けの高価格で、製造コストは新興国の人件費で安く作れて、高い粗利率を確保することができています。

OEMを受ける側としては、同じような生産ラインで作れるのであれば、いろいろな企業からOEM注文を受けて生産する方が量産効果が出ます。こうして成長してきたのが、台湾の鴻海、ASUS、Acer等の通称EMS（Electronics Manufacturing Service）と呼ばれるメーカーです。

(3) 共同開発・技術提携

新技術や新製品を開発する際に、双方の技術を持ち寄って開発した方が成功確率が高いことがあります。そうした場合には共同開発や技術提携という形態をとります。

テスラの電気自動車を量産するためにパナソニックが最先端の電池工場を作ったりしたのはこうした例です。

ただし一旦開発できてしまうと、どちらが開発のリーダーシップをとるのかということで、長く続かないケースもあります。

このため、提携については、M＆Aと異なり永続的な関係ではないため、いつかは終わりが来ることも想定しておかなければなりません。また、そもそも提携を始める場合に、双方にメリットがないと合意ができませんから、その点も注意が必要です。

ポイント

提携は双方にメリットがあることが前提で、終わりもあることを念頭に置く

083

提携を成功させる6つのポイント

提携案件を成功させるには、以下の6つのポイントを押さえておく必要があります。

(1) 提携せざるを得ないような切羽詰まった状況に陥らない

提携は、双方の会社が何らかのメリットを求めてもう一方の会社と手を組むわけですから、意思決定の自由度が必要です。

悪い例は、シャープと鴻海の事例で、シャープが堺工場に莫大な液晶パネル工場投資を行い、円高で輸出ができなくなって採算が悪化し、どこかと提携せざるを得ないような状況になって提携という形を取りました。鴻海側には選ぶ権利がありましたが、シャープ側にはほぼなかったために不利な条件での提携となり、結果としてシャープがＭ＆Ａで鴻海傘下に入ることになってしまいました。シャープの方で、他に選択肢があれば提携交渉ももう少し有利に進められたかと思いますが、そうはいきませんでした。

(2) 複数の候補の中から選べるようにする

Ｍ＆Ａと同じく提携も複数の相手企業の中から選べるようにしておく必要があります。そのためには、切羽詰った状況に陥る前に、いろいろな企業と連携を取るパイプを持ち、いろいろな可能性の選択肢を持っておく必要があります。

相手は、当方に選択肢がないと見切るや、こちらに不利な条件を出してきます。こちらに選択肢の玉があれば、提携交渉も有利に進められます。

(3) 信頼できる提携候補を選ぶ

提携には、うまくいくものといかないものとがあります。すべてうまくいくわけではありません。提携前は、提携したいがために誇張した表現を使うこともあります。その結果、提携後に話が違うともめ事が起こることもままあります。

日本人は、初めての人でも会社でも、人を信用するところから入りますが、これは日本だけの事で、世界の国々では、初めての人や会社は信用しないところから入っていきます。このため、日本企業が海外進出すると騙されるということがよく起こります。海外ではそれを、日本人は騙されやすいとか、信じる方が馬鹿だと言って憚りません。

ですから、特に海外案件については信頼できる提携候補を選ぶようにする必要があります。そのためには、提携関係に入る前に、事前に取引をしてみるなど、その会社が約束を守る会社かどうかを試す機会を作っておいた方が良いでしょう。

(4) 双方の提携メリットを明確にする

すでに見たように、提携は相互の自由意志で行う契約行為ですから、双方に提携メリットがある必要があります。自社サイドのメリットだけでなく先方にとってのメリットも考えておくことで、提携交渉にも幅が出てきます。

(5) 提携の具体的方法を検討しておく

提携にはいろいろな形態がありますから、提携して双方が具体的にどのようなことを行うのかを予め決めておいた方が良いでしょう。業務レベルで想定が付くと良いと思います。

(6) 提携解消後を考えておく

Ｍ＆Ａと異なり提携には終わりがあります。このため、終わったあとで不利にならないように、予め提携解消後のことを考えて提携する必要があります。

ポイント

提携は、事前に慎重に検討し、しっかりと提携のメリットを享受できるようにすること

第9章

収支・投資回収・資金計画を立てる（P3）

この章では、事業計画の主要要素である計数面での計画のうち、収支計画、投資回収計画、資金計画について説明します。

損益分岐点を把握する

既存事業でも新規事業でも、どれぐらいの売上が上がったら利益が出るのかを把握しておくことは重要なことです。一般にこの利益が出るか出ないかのポイントを損益分岐点といいます。

売上高は、単価×数量でゼロから上がっていきますが、費用の方は、人件費など固定的にかかる部分があり、固定費＋変動費となり、売上高が0の時には赤字となります。そして売上高が増えるにつれて赤字が減少していき、どこかで売上高が費用の合計を超えます。

損益分岐点は、英語でBEP（Break-even Point）といい、その算出方法は、下記のようになります。

売上高　1,000円
変動費　　700円（変動費率70%）
限界利益　300円（限界利益率30%）
固定費　　200円
営業利益　100円
損益分岐点売上高＝固定費÷限界利益率＝200÷30%
　　　　　　　　＝667円

このうち変動費は、原材料費や商品仕入れ、物流費等となります。また、固定費は、人件費（労務費）、賃料、償却費等となります。

損益計算書でいうと、原価のうち、原材料費は変動費、労務費・経費（含む減価償却費）は固定費となり、販売管理費のうち、人件費、賃料、減価償却費等は固定費となります。

損益分岐点分析は、管理会計の一環なので、ざっくり行う場合と勘定科目一つひとつについて変動費固定費区分を与え、細かく見ていく場合とがあります。定常的に損益をウォッチしていくのであれば、勘定科目別に固変区分を与えて定期的に算出できるようにしておくと良いでしょう。

特に既存事業で、損益水準ぎりぎりであったり、赤字が続くようであれば、細かく区分して、損益分岐点を下げる目標を立てたり、損益分岐点を上回るような売上計画を立てて取り組む必要があります。

新規事業や投資案件については、単年度では黒字化せず複数年度に跨（またが）って事業拡大を行い、3年目～5年目に利益が出せるようになるようなケースがあります。そうした場合には、なるべく早く損益分岐点に到達できるように、コストを抑えたり、売上拡大を図ったりなどの施策が必要となります。

通常の損益分岐点は、利益計算で行いますが、小規模事業者やキャッシュフローが厳しい事業については、償却費や借入金返済等を考慮に入れた、キャッシュフロー分岐点という考え方もあります。

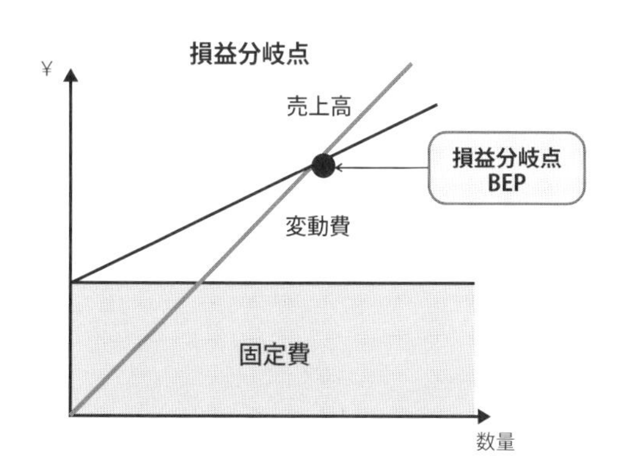

ポイント

BEPポイントをクリア出来るよう売上拡大・コスト削減を図る

085

投資回収計算はキャッシュフローで行う

損益分岐点分析は利益で行いますが、投資したお金が回収できるかどうかは、キャッシュフローをベースに行います。

例えば、1,000万円のお金を投資して、1年目から200万円ずつ毎年5年間キャッシュで回収できれば、5年間で回収できることになります。一方通常の企業会計は、利益計算で行うことが多いので、利益のキャッシュ戻し計算をする必要があります。

その典型的なのが償却費で、例えば、100万円の自動車を購入して、耐用年数5年の定額法で償却するとした場合、毎年20万円の減価償却費が発生します。損益計算書には、取得価額の100万円は登場せず、毎年の償却費のみ20万円ずつ発生するという表記になります。

一方、投資回収計算では、キャッシュフローをベースに行うので、逆に取得時の100万円が使われ、償却費の20万円は出てこないことになります。これが利益計算とキャッシュベースの計算の違いです。

次に投資回収計算では、将来のキャッシュについて、お金の時間価値という概念を導入し、割引計算を行います。その際割引率というものを使うのですが、割引率の設定は、資本コストを参考に行います。資本コストというのは、バランスシートを維持するために必要なコストということで、株主資本コストと負債コストから算出することになります。

企業によっては、新規事業や投資案件の割引率設定を行っている会社と行っていない会社とがありますが、行っていない会社の場合には、5%から10%程度の割引税率設定を行い試算します。

割引率は、英語でハードルレートとも呼ばれます。このハードルを越えるようなレートが必要という意味からです。

代表的な投資回収計算法には、下表に見られるように正味現在価値法（NPV法）と回収期間法とがあります。正味現在価値法では、将来のキャッシュフローを先程の割引率を複利計算して割引き、それらを合計して、投資額と対比しておつりがくれば投資価値ありと判断します。

一方、投資額が異なる場合に、投資案件の投資効率を比較して優先順位を付けます。代表的なものに、CFROI、ARR、IRR（内部収益率法）があります。例えばIRRでは、NPVと同様の方法で割引した将来キャッシュフローが、投資額とイコールになるような割引率を求めます。そしてその割引率が、前で紹介した資本コストを上回るかどうかで投資効率の良さを判定します。

NPV、IRRとも最近はExcelの関数式が使えます。

		意味合い	計算式等
投資回収	NPV	将来得られるキャッシュフローを現在価値に割り引いて、投資を差し引いた後にどれだけ残るかを測る	NPV＝将来C/Fの割引現在価値－投資
	回収期間	将来得られるキャッシュフローで総投資額をどれくらいのスピードで回収するか（回収したか）を測る	$投資回収期間=\frac{投資額（保証金を除く）}{平均C/F予測値}$
投資効率	CF ROI	総投資額に対し、どれくらい効率的にC/Fを獲得しているかを測る	$CF\ ROI=\frac{C/F}{投資額}$
	ARR	総投資額に対し、どれくらい効率的に利益を獲得しているかを測る	$ARR=\frac{利益}{投資額}$
	IRR	内部収益率ともいう 投資に対して将来得られるC/Fがどの程度の率でリターンとして得られるかを測る	IRR：割引した将来C/F＝投資となる割引率を求める
投資リスク		保証金未返還や中途解約による資産の除却損、違約金等をリスクとした、その時点の潜在リスクを測る	$潜在リスク倍率=\frac{設備等の残高+保証金+違約金等}{今後獲得するC/F予測値}$

ポイント

投資回収計算は、将来CFの予測が鍵となるので、その妥当性を高めてから行う

086

キャッシュフローは複数年で把握・評価する

株式公開企業に連結キャッシュフロー計算書が義務づけられたのが2000年3月期からで、当初フリーキャッシュフロー（以下FCF）の重要性が言われました。

FCFは営業キャッシュフロー（以下営業CF）マイナス投資キャッシュフロー（以下投資CF）ですから、FCFをプラスにするためには、営業CFの範囲で投資を行なわなければならなくなります。そうすると企業は投資を抑制したりしますが、これを継続すると企業の競争力がなくなってしまいます。

こうしたことから、キャッシュフローは単年度で見るのではなく、複数年度の期間で評価するべきだとなりました。

営業CFは、稼ぐ力を示していますから、売上高に対して一定程度の額・割合が必要です。営業CF÷売上高を営業CFマージンといいますが、メーカーのような競争力維持のための投資が必要な企業では、10%以上が目安とされます。営業CFマージンの推移を見ると、自社の稼ぐ力の変化が掴めるわけです。

この稼いだ営業CFから投資を行いますが、投資を営業CFの範囲内で抑えていると、だんだんお金（キャッシュ）が貯まってきます。このお金で借入金の返済や社債の償還を行うことができます。キャッシュフローの期末残高が借入金の額を超えると、いわゆる実質無借金経営となります。90年代2000年代の日本企業は借金まみれでしたが、こうしたキャッシュフロー経営の導入で借入金を返済し、実質無借金経営の企業の比率が高くなりました。このため、コロナ禍でも自前の資金で持ちこたえられるところが多く、企業の倒産数は少なくて済みました。

企業買収や大規模投資が必要な場合には、営業CFの枠を超えて投資を行う必要が出てきます。そして自前の資金が不足すれば、借入金を増やして投資に回します。

企業は赤字では倒産しませんが、支払うべきキャッシュがなくなると倒産してしまいます。ですから手元で自由になるキャッシュがどれだけあるか、常にウォッチしておく必要があります。

下表は、ある企業の6年分のCFの推移をグラフにしたものですが、投資に積極的な年と借入金返済に積極的な年とがあり、複数年で見ることで、キャッシュの動きがよく分かります。

企業の財務を健全に保つには、一定程度のキャッシュが必要ですが、競争力を保つには、積極的な投資も必要なのです。

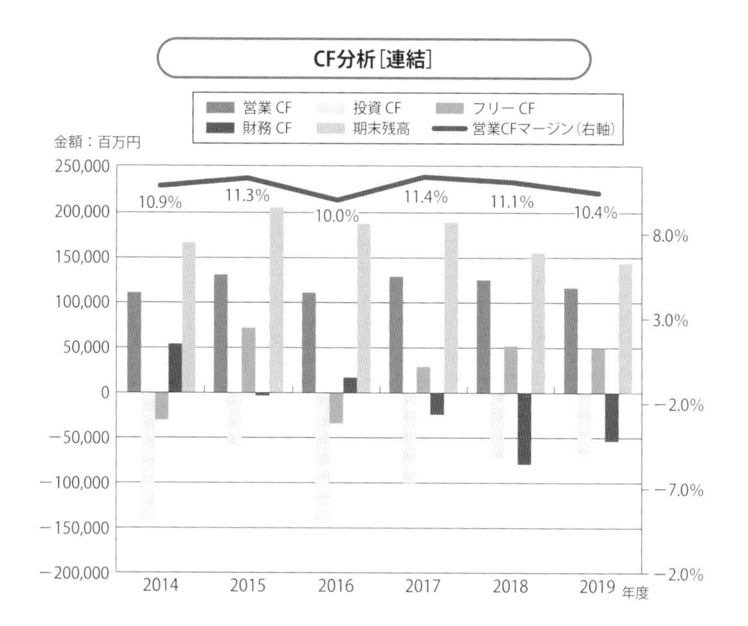

ポイント

キャッシュフロー管理は、財務の安全性と企業の競争力維持のバランスを取る

087

必要資金を確保する

既存事業でも新規事業でも資金繰りはキャッシュフローで見ていきます。特に新規事業の場合は、売上がゼロからスタートしますから、事業が軌道に乗るまでの資金確保が必要です。

必要資金は大きく (1)開業資金と (2)運転資金に分かれます。

(1) 開業資金

開業資金とは、事業を始めるのに必要なお金のことで、大きく設備資金と諸費用に分かれます。設備資金は、事業に必要な機械やソフトウェア、備品などの導入費用のことです。レストランであれば、内外装費、厨房機器やテーブル、椅子、レジ、空調機等が必要です。諸費用とは、開業までに準備する備品や事務用品、開業に必要な事務手続きや登記関連費用、保証金等となります。

(2) 運転資金

運転資金は、事業を回していくのに必要な資金ということで、大きく変動費と固定費に分かれます。

変動費は、売上に連動して増減する費用で、材料費や仕入れ費用、販売関連の消耗品や運送費等となります。一方固定費は、売上と連動しないで固定的に発生するもので、人件費や賃貸料、水道光熱費、通信料などとなります。人件費には、給与だけでなく健康保険や年金等の福利厚生費用も含まれます。また人件費は、正社員の場合とパート・アルバイトの場合とでは大きく金額が異なります。

運転資金は、さらに次のように分類できます。

①経常運転資金……人件費や事務所費用など恒常的に発生する費用で、以下の算式で算出します。

経常運転資金 ＝ 売掛金 ＋ 棚卸資産 － 買掛金

売掛金が増えるほど、また在庫が増えるほど経常運転資金が必要になります。

②増加運転資金……売上が増加した場合に必要となる資金で、原材料の調達や在庫確保・保管等に必要となる費用です。

③季節運転資金……ボーナスやイベントなどで特定の時期に必要となる資金です。

④スポット運転資金……一時的に仕入れが増えたり、支出があったりする際に必要となる資金です。

⑤赤字補填資金……立ち上げ当初事業が赤字となった場合、その穴埋めをするための資金です。

新規事業の場合、初年度から黒字化できれば良いのですが、当初1、2年は赤字ということもあり得るので、複数年に跨って資金計画を立てておく必要があります。通常5ヶ年程度の事業収支のシミュレーションを事前に行い、必要資金の目安を立てることをお勧めしています。

その際に見積もるのが、(1)開業資金と（2)運転資金ですが、運転資金の中でも、当初は赤字が続く場合は⑤赤字補填資金の額を見積もっておく必要があります。そして、3～5ヶ年の期間でみて、キャッシュ残高がマイナスとならないような額のお金を予め用意しておく必要があります。

必要資金を、借入金で賄うか資本金で調達するかは、所属する会社の新規事業として行うか、独立して自前の資金で行うかによって大きく異なってきます。会社の新規事業として行う場合は、開業資金、運転資金ともに会社が出してくれますが、独立して行う場合は、資金調達の方法を具体化する必要があります。

ポイント

必要資金は、開業資金と運転資金で具体化する

088

資金調達方法

必要資金の資金調達方法には、(1)自己資金、(2)金融機関からの借入れ、(3)出資受け入れ、(4)補助金・助成金活用、(5)親戚・友人知人からの借入れがあります。

(1) 自己資金

自分で蓄えておいたお金なので返済の必要がありません。ただ大きな事業となると自前資金だけでは賄いきれませんので、融資や出資を募る必要があります。

(2) 金融機関からの借入れ

自己資金で不足する開業資金や運転資金を調達するのに使います。金融機関の審査を通る必要があり、その審査に本書のテーマである事業計画書が必要となります。借りたお金には金利が付きます。ここしばらくは低金利が続いているので、金利そのものの負担はそれほど大きくはありません。金融機関と付き合うメリットは、資金調達だけでなく、事業についてのアドバイスや、取引先紹介等のメリットもあります。また知名度のある金融機関との取引は信用の付与にも役立ちます。

金融機関には、①都市銀行（メガバンク）、②地方銀行、③信用金庫・信用組合、④政府系金融機関（日本政策金融公庫等）等があります。

金融機関との取引には、預金取引と融資取引とがあります。創業のための資金調達は、融資取引に当たりますが、金融機関によって融資取引、特に創業・起業取引に積極的なところとそうでないところがあります。創業・起業取引に積極的かどうかは、その金融機関のホームページやパンフレットなどを見て、そうした記載があるかどうかでおよその判別ができます。小規模で地域に根ざした事業を行うのであれば、③信用金庫・信用組合等の選択肢もあります。

一つの金融機関に依存すると、何かあった際に資金繰りに困ることがあります。このため複数の金融機関と取引を行うことが多いですが、事業や資金繰りについての相談を第一に行う金融機関をメインバンクと呼びます。

(3) 出資受け入れ

親会社があり、その会社の新規事業として行う場合には、親会社から出資してもらいますが、独立して事業を立ち上げる場合で、将来急激な事業拡大や株式公開を目指すケースなどは、ベンチャーキャピタルや個人投資家から出資を受け入れる方法があります。この際、将来の事業評価や株価算定が必要となり、ここでも事業計画書が必要となります。

(4) 補助金・助成金活用

国や都道府県などの地方公共団体が、個人などの開業支援を目的として補助金や助成金を交付することがあります。これに応募して、審査が通れば補助金・助成金が得られます。ただし、それぞれに交付の目的があり、目的に合ったものしか対象となりません。また審査の手続きに時間が掛かることもあり、当初の立ち上げ費用は自前か借入れに頼らざるを得ないこともあります。

(5) 親戚・友人知人からの借入れ

あまりお勧めしませんが、事業責任者の人柄や人間関係を頼りに親戚や友人知人からお金を借りるという選択肢もなくはありません。ただ後でトラブルとならないように、きちんと書面に落として残しておくことが必要です。

ポイント

資金調達は自己資金＋融資＋出資の組み合わせで

089

クラウドファンディングで資金を得るのも一法

近年資金調達の手段としてクラウドファンディング（以下CrFと略）が注目されています。CrFのクラウドとは、群衆（Crowd）の意味で、多くの人が特定の目的のためにお金を出し合うことをいいます。

CrFの歴史は古く、ヨーロッパで書籍の出版のためにお金を集めるところから始まったとも言われています。近年は、インターネットを使って新商品開発や特定の目的のために資金を募る方法が流行しています。この他にNPO・研究支援、地域振興支援、社会的弱者支援活動、音楽制作、映画製作、スポーツチーム支援等いろいろな活動があります。集まる金額は100万円程度～数億円規模のものまで幅があります。

CrFには、(1)プロジェクトが提供する権利や物品を購入することで支援を行う購入型、(2)金銭的リターンのない寄付型、(3)金銭的リターンを伴う投資型があると言われています。投資型はさらに融資型、ファンド型、株式型に分類できます。

CrFでは、ファンドの目的と目標金額が示され、インターネット上にリアルタイムに集まった金額が表示され、目標額に対する過不足が一目で分かるようになっています。SNS等を通じて友人・知人に資金提供を勧誘する方法も取られています。一方、運営側はサイト作成や調達活動支援のための費用を運営手数料（～20%程度まで）の形で徴収しています。

目標金額に到達しなかったらキャンセルになるAll or Nothing型と集まった額だけ獲得できるAll in型があります。

2020年以降、新型コロナウイルスにより飲食店の営業時間短縮要請等で飲食店経営が苦しくなったため、飲食店応援プログラム等も実施されています。

以下、主なCrFサイトを紹介します。

(1) 購入型

・READYFOR……日本初のCrFサービス。累計プロジェクト数16千件、累計支援額190億円（2021年3月時点）。公開されたプロジェクトの資金調達の成功率が高い。

・CAMPFIRE……2011年創業のプロジェクト成立件数国内No.1（4.8万件以上のプロジェクト立上げ、調達額総額400億円以上〔2021年3月時点〕）。モノづくり・食品・カルチャーまで幅広いジャンルを扱っている。手数料17%。

・MAKUAKE……サイバーエージェントグループ。応援の気持ちを込めて行う「応援購入」という形態を取っている。地方自治体が地域興しで取り組むプロジェクトもある。掲載プロジェクト数1万件、応援購入総額200億円（2020年7月現在）。手数料は20%。

(2) 寄付型……GoodMorning（社会課題解決を目指しCAMPFIREから分社独立）／FAAVO（地域特化型）等

(3) 投資型……イークラウド（株式型）、SBIソーシャルレンディング（貸付型）、セキュリテ（ファンド型）等がある

資金調達を成功させるには、募集開始後の2日間が勝負とも言われ、事前に友人・知人からの応援を募っておくのがコツとも言われています。これまでは難しかった個人による少額参加ができるようにしたのが特徴です。

ポイント

クラウドファンディングも資金調達手段の一つ

090

補助金・助成金活用で元手不足を補う

補助金・助成金は、どちらも行政や民間団体が特定の目的のために資金給付を行う仕組みです。年間で7,000種類もの補助金・助成金があると言われます。返済が不要となる場合が多く、利用者のメリットが大きい制度ですが、募集期間が限られていたり、年度によって内容が異なっていたりするので注意が必要です。名称については、厚生労働省は「助成金」、経済産業省は「補助金」を使い、地方公共団体はどちらかの名称を使うことが多いです。

募集の趣旨に合致しなかったり、応募者が多数の場合は競争となったり、申請したとしても必ずしも給付されるとは限りません。また、資金の全額を給付するのではなく、自己負担率5割や3分の2等一定程度の自己負担が求められます。

(1) 給付目的

失業対策、従業員教育等①報奨金的なものと、機器購入、展示会出展等の②費用補助的なものに分かれます。

(2) 給付までの流れ

①**事前申請**……事業などに取り組む前に事前に利用申請を行います。事後申請は給付対象外となることが多いです。

②**申請内容に沿った取り組み**……事前申請に基づいて事業活動を行います。活動内容が申請内容と異なっていたり、定められた期間以外に費用が発生したりした場合は、給付が受けられないことがあります。

③**結果報告と確認**……所定の書式で取り組み結果を報告し、申請内容と相違がなければ資金の給付を受けることができます。受け取った資金については、税務上の取り扱い方が異なることが

あるので、注意が必要です。

(3) 補助金・助成金を探す

補助金・助成金については、全国規模のものもあれば、市区町村単位のもの、団体単位のものなど大小様々なものが存在します。多くは実施主体のホームページなどで告知されますが、支援情報の検索サービスを行っているサイトもあります。独立行政法人中小企業基盤整備機構が運営するJ-Net21の「支援情報ヘッドライン」等様々な検索サービスが利用できます。

(4) 補助金・助成金申請のポイント

補助金・助成金の交付を受けるには、その交付目的に合った申請を行う必要があります。そのためには公募要領などによく目を通し、その趣旨に沿った記載を行う必要があります。

(5) 補助金・助成金のカテゴリー

補助金・助成金には、以下の分野があります。①創業・起業支援、②人材育成・雇用促進、③事業承継、④生産性向上・IT化、⑤地域活性化、⑥環境対策・認証取得、⑦市場開拓・海外展開、⑧研究・商品開発、⑨経営改善・経営強化等です。

(6) 申請代行業者の活用

補助金・助成金の申請書作成には、公募要領の精読と分量の多い申請書の作成が必要となり、慣れていないと作成に時間が掛かり過ぎたり、作成しても書類不備で受理されなかったりすることがままあります。このため、社会保険労務士等士業の人たちが成功報酬型で申請書の作成代行を行うサービスがあります。ただし交付額の２割程度の成功報酬額を求められることがあります。

ポイント

補助金等は、目的に合ったものを調べ、事前申請する

※本項は独立行政法人中小企業基盤整備機構のサイトを参考にしました。

第10章

事業管理・経営管理を行う（P）

この章では、事業計画を立案した後の運用、いわゆるPDCAの行い方について説明します。なお、事業計画を立てる際に、後の運用のことも予め考えておくために、事前に学習しておく必要があります。

091

PDCAは4つの要素について行う(P2・3・4)

事業管理・経営管理の基本はPDCAとなります。PDCAは、Plan（計画立案）Do（実行）Check（確認）Action（修正行動）の頭文字を取った言葉で、広く行われていますが、日本企業の多くが、CheckとActionが弱いと言われています。

見ていると、計画立案時には計数計画の立案、いわゆる予算の立案を中心に行い、具体的にどう実行するかという活動計画の立案面が弱いように感じられます。

このため、PDCAをきちんと行うために、下記の4つについて、PDCAを行うようにするといいと考えます。

(1) 経営目標・事業目標

経営目標には、通常売上高や利益・利益率が来ますが、近年は、コーポレートガバナンスコードの影響もあり、資本効率を表すROEやROAも使われるようになってきています。

(2) 計数計画

計数計画は、損益計算書でいえば売上・原価・粗利・販売管理費・営業利益等の項目がきます。管理会計では、変動費・固定費に分けて編成されることがあります。BEP（損益分岐点）を算出するには、変動費と固定費を分けて把握する固変分解を行っておいた方が良いでしょう。

その上で、月次の進捗管理（Check）を行います。月次の進捗管理では、予算と実績の差異を把握、分析し、どういった理由・原因で予算が達成できたのか、出来なかったのかを掴みます。

そして、次月以降でどのような対策（Action）を取るかを検討し、修正行動を取るようにします。

（3）KPI（重要業績評価指標）

KPI（Key Performance Indicator）は、経営目標や計数計画を達成するために必要な活動計画の成果や結果を表す指標です。例えば、新規先開拓数や受注件数、稼働率等があります。

経営目標や計数計画は、会計値であることが多いため、経理部門の集計により進捗管理が行えます。しかし、KPIは通常の業務活動または情報システムで把握できるようになっていないものもあり、そうした際には別途KPIの推移が把握できるようにする必要があります。

（4）活動計画

活動計画は、各部門が経営目標や計数計画を達成するために、どのような活動を行うかを年別や四半期別、月別などに落とし込んだもののことをいいます。

例えば、新規先を開拓するために、未取引企業を訪問したり、ホームページから資料をダウンロードした顧客にアプローチしたりします。そうした活動を、期が始まる前に具体的な行動計画として立てておくのです。

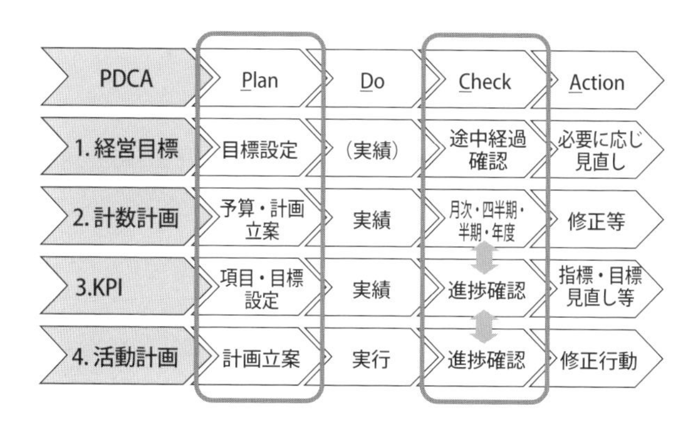

ポイント

PDCAを行うためにKPIと活動計画を具体化する

092

KPIは財務値と業務値・プロセス値を紐づける（P4）

KPI（Key Performance Indicator）は、重要業績評価指標と訳されますが、KPIをさらに、KGI（Key Goal Indicator：重要目標指標）ともう一つのKPI（Key Process Indicator；重要プロセス指標）に分けて管理することをお勧めします。

(1) KGI（Key Goal Indicator：重要目標指標）

経営目標や部門目標、特定の課題の目標のことを指しています。例えば経営目標の場合、次の図のように営業利益率を2%から5%に3%増やしたいとします。この目標を達成するために、粗利益率をアップするとともに、販管費率を下げることとします。粗利率をアップするために、売上高を増やすとともに原価低減を行うというように、経営目標のブレークダウンを行っていきます。この定量的なブレークダウンが行われる部分をKGIパートと呼びます。

(2) KPI（Key Process Indicator；重要プロセス指標）

KGIパートは、ある程度までブレークダウンをすると、それ以上ブレークダウンが行えなくなります。目標のブレークダウンを行っているだけでは目標達成できませんので、続いて方策（プロセス）のブレークダウンに移ります。

記入例では、シューズ販売店の売上高を10%アップするために、接客率を上げるという方策と、顧客1人あたりの買い上げ点数を上げるという方策を設定しました。そして、その方策のKPIとして、従業員1人当たりの1日の接客数目標と顧客1人あたりの買い上げ靴数を設定しました。

このように、KGIを達成するための目標のブレークダウンと、方策のブレークダウンを行い、業務・プロセス目標としてのKPIを設定します。ブレークダウンを行う時の注意事項が2つあります。

①MECEな区分

MECEというのは、Mutually Exclusive and Collectively Exhaustiveの頭文字を取ったもので、日本語では「もれなく、だぶりなく」といわれます。つまり、下方に向かってブレークダウンしていく際に、抜け漏れが発生しないように分解していく必要があるということです。

②必要十分条件を整える

営業利益から右へ展開していく際に、左側のことを達成するために右側のことが必要だということで、左から右へ必要条件を整える形でブレークダウンしますが、右のことを実施したら左が達成できるかどうかという十分条件も備える必要があります。必要条件と十分条件の両方を備えることで目標が達成できます。

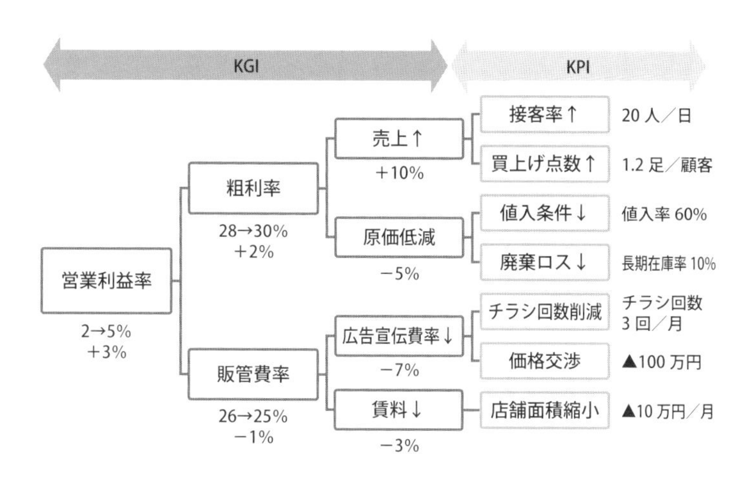

ポイント

KGIからKPIにブレークダウンして目標達成

093

PDCAでは活動計画を立てる(P2)

活動計画は、中期経営計画であれば年度別に、短期の経営計画すなわち予算では月別に立案します。

活動計画の対象となるのは、大きく2つの課題となります。

(1) 問題解決型の課題：品質不良やクレーム、納期遅延等現状問題がある事について解決が必要な活動について計画を立てます。

(2) ビジョン達成型の課題：新商品・サービス開発や新規事業立ち上げなど、現状問題があるわけではないですが、将来に向けて実現・達成の必要がある課題について活動内容を具体化します。

(3) 通常業務活動：活動計画というと、普段の業務内容まで書き出す人がいますが、それはやり慣れていることなのでわざわざ活動計画には落とし込みません。活動計画の対象となるのは、今まで取り組んだことがないことや、現在の業務内容を大きく変えるような事柄についてです。

(4) 活動計画に盛り込む内容

活動計画立案にあたっては、対象となる取り組み課題について、責任者と担当者を明確化します。そして、その課題について現状とその問題点を明らかにし、どんなことを解決する必要があるかが分かるようにします。

その上で活動目標と目指す将来像を定性・定量両面で設定します。定量目標だけでは、達成できた状態がイメージしづらいので、目指す将来像という形でイメージできるようにします。

定量目標については、KPIとして何らかの活動の成果が測れる指標設定を行います。

その活動には達成期限を入れ、いつまでに完了させるべきかが分かるようにします。

そして、その課題への取り組み方針と具体的な活動内容を明らかにします。

活動計画は、年間のものを月別に作れるのが望ましいですが、新しく取り組む課題について、1年先までのことを想定して活動に落とすことは難しいでしょうから、まずは半年程度の活動計画を立案し、半期たったら、半期の振り返りを行い、次の半期の計画を立案するようにします。

(5) 実行と実績記入

活動期間に入ったら、月々の活動実績を記入し、活動計画通りできたか、もともとの計画と比較対比が行えるように記述していきます。

(6) チェック

PDCAのCの部分になりますが、以下のことについて確認を行います。①計画通り活動できたか、②その結果KPIが達成できたか、③活動の結果、計数計画が達成できたか。

予め計数計画とKPI、活動計画を立案しておくことで、チェックの段階で、3者の比較を行うことができます。

これにより、活動とその成果についての仮説や計数への影響についての仮説が検証できます。そして、その検証結果に基づいて、活動そのものや活動の成果としてのKPIの見直しが必要になることもあります。

(7) アクション＝修正行動

以上の振り返り、反省に基づいて活動の見直しやKPIの見直し等の修正行動を取っていきます。

ポイント

活動計画を立てることでより効果的なPDCAが行えるようになる

094

PDCAでは計数計画より活動計画を先に立てる（P2・3）

計数計画と活動計画のどちらを先に立てるかという議論があります。一般に行われているのは、計数計画を先に立てて活動計画は後からという「計数計画先行型」が多いのですが、お勧めしているのは、活動計画先行型です。

理由は2つあります。1つ目は戦略の焦点がぼやけてしまうことを避けるということです。計数計画先行型の場合、その計数を達成するのにいろいろな戦略バリエーションや課題解決策がありえます。例えば、売上を上げるのに販売個数を増やす方法と販売単価を上げる方法とがあります。そうすると安易な方策として、販売単価を上げながら販売個数を増やすというような、計数計画にただ合わせるだけの活動計画を立てたりします。しかし実際には、単価を上げれば販売個数は減る可能性があります。また販売個数を増やすために単価を下げなければならないかもしれません。こうしたことにならないように、計数計画を立案する前に、戦略の具体化（例：低価格戦略でシェアを取る）→戦略課題解決策（競合上有利な○○％プライスダウンで、顧客を増やす）→活動計画（○年○月～実施）という手順で活動計画を立案しておいた方がよいのです。

もう1つの理由は、活動計画策定サボタージュ防止のためです。中期経営計画にしろ単年度の予算にしろ、成果物としての計数計画は必須です。ですからとりまとめ部門としては、計数計画を先に作っておいて、活動計画は事業部門で後から作るということにしておきます。しかし、実際には方針が打ち出される程度で、活動計画は面倒くさがって作られず、実行段階のその場になって思いつきの行動を取ることが多いのです。そうすると、戦略としてよく練られていないので、成果が上がりにくかったり、長続きしなかったり、関連部門と調整を行っていないので、組織的な活動ができなかったりします。また、通常業務に忙殺されて、または忙殺されたことにして、新たな活動に取り組まずに終わらせてしまうということがあります。その結果、当初計数計画で立案した目標が達成できないということで終わってしまいます。

こうした2つのことを避けるために、計数計画よりも活動計画を先に立てることをお勧めするのです。

下表は、中期経営計画立案時のプロセス例ですが、予算策定においても、活動計画を先に立てる方法をお勧めしています。

予算策定の手順としては、以下のようになります。

①勘定科目別に、過去実績（3ヵ年程度）の分析を行い、その勘定科目に影響を与える変動要因（例：為替レート）を抽出する→②変動要因の予測を行う（例：円ドルレート○○円／＄）→③予測に基づく成り行き予算を作る→④活動計画を立案する（価格改定を行う）→⑤活動計画の効果を織り込んだ計数計画（為替の影響と価格改定の影響の両方を織り込んだ予算となる）を立案する。

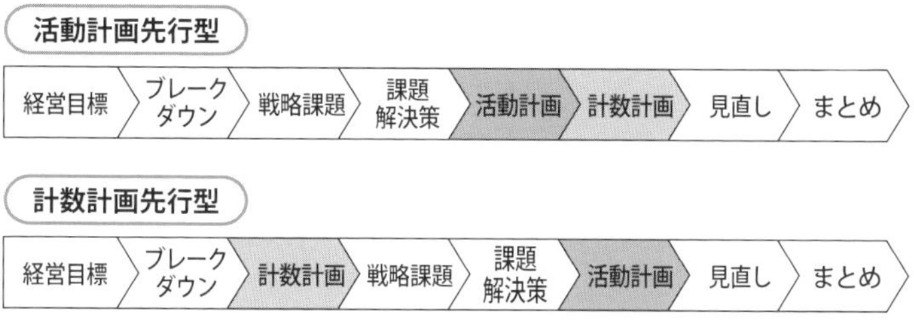

活動計画先行型

経営目標 → ブレークダウン → 戦略課題 → 課題解決策 → 活動計画 → 計数計画 → 見直し → まとめ

計数計画先行型

経営目標 → ブレークダウン → 計数計画 → 戦略課題 → 課題解決策 → 活動計画 → 見直し → まとめ

ポイント

活動計画を立ててから計数計画を立てるようにする

095

PDCAのCチェックの差異分析は要因分解して行う（P）

PDCAでCチェックを行う際は、計数計画の予算と実績の差異分析を行いますが、その差異を3つの要因に分けて分析するようにすると、その後のAアクション＝修正行動が効果的に行えるようになります。

3つの要因とは、(1)環境要因（要因E）と(2)活動計画要因(要因C)、(3)KPI要因（要因K）です。

(1) 環境要因（要因E）

マクロ環境や市場環境、競合環境の想定が計画策定時（予算編成時）と同じであったかどうかについて検討します。例えば、景況が良いことを前提に計画を立てていたのに、コロナなどの影響で急激に景気が悪化したような場合は、想定通りでなかったとなります。また、競合他社が価格を変えない前提で計画を立てていたのに、期の途中で価格を下げて対抗してきたというような場合も想定外であったということになります。

(2) 活動計画要因（要因C）

計画立案時に、計数計画とともに活動計画を立案することをお勧めしていますが、その活動計画がある前提で、活動計画通りできたかできなかったかという振り返りを行います。例えば、新規顧客開拓を行う予定でいたのに、既存業務に忙殺されて手が付けられなかったような場合は、活動計画未実施となります。

(3) KPI要因（要因K）

活動計画立案時に、その活動の成果を表すKPIを設定することをお勧めしていますが、そのKPI目標が達成できたかどうかを振り返ります。例えば、新規顧客開拓で新しく10件の口座を取るというKPI設定をしていたとして、5件しか取れなかったら、KPI目標未達成となります。

（4）対応策（M）検討

下表のように、予算達成度Bと環境要因（要因E)、活動計画要因（要因C)、KPI要因（要因K）の4つの関係を見てみると、取るべき対応策（M）が異なってくることが分かります。

例えば、新規顧客開拓で100万円の売上を計数計画で立てていて、環境要因（E）は想定通り（Y）で、活動計画（C）は計画通り実施して（Y)、新規顧客口座獲得目標10口座というKPI目標（K）もクリア（Y）したのに、予算達成度（B）が半分の50万円と未達成（N）であった場合は、（ロ）のケースに当てはまりますので、活動対象の見直しやカウントする口座数（KPI）の見直しが必要になります。

このように計数計画達成・未達成の原因を要因分解して捉えると、その後のとるべきアクションが適正なものになります。

区分	予算達成度B	要因E	要因C	要因K	対応策M
ケース	計数計画（実績－予算）＞0　(Y/N)	環境要因(Y/N)(マクロ・市場・競合)	活動計画(Y/N)	KPI(Y/N)	対応策(維持：Keep/修正計画：Revise)
イ	達成(Y)	想定通り(Y)	計画通り(Y)	目標達成(Y)	このまま進める(K)
ロ	未達成(N)	想定通り(Y)	計画通り(Y)	目標達成(Y)	**活動とKPI見直し**(R)
ハ	未達成(N)	想定通り(Y)	計画通り(Y)	**未達成**(N)	活動見直し(R)
ニ	未達成(N)	想定通り(Y)	**計画未達**(N)	未達成(N)	活動見直し＆徹底(R)
ホ	未達成(N)	**想定外**(N)	計画通り(Y)	**未達成**(N)	環境要因見直し＆活動見直し(R)
ヘ	その他(いろいろな組合せが考えられます)				組合せに応じて対応策を練る

ポイント

差異分析を要因分解して捉え適正な修正行動を

096

PDCAはレベル5を目指しやり方を進化させる(P)

PDCAの行い方にもレベルがあります。これまでセミナーの受講者などに尋ねてみると、多くの会社が次表でいうレベル3程度にとどまっているようです。本書で推奨しているのはレベル5です。具体的にみていきましょう。

レベル1：中期経営計画や単年度の予算で計数計画だけを立案し、活動計画などは立てていません。そして、予実対比ということで、予算と実績を見比べて進捗管理を行っているレベルです。

レベル2：レベル1に加えて、計数の差異分析を行っているレベルです。差異分析は、予実差の大きなところからその原因分析を行います。ただそこから先PDCAのAに相当するAction＝修正行動にまでは繋げられていないレベルです。

レベル3：レベル2に加えて、修正行動を議論し、当月以降の活動を変えるように取り組んでいくレベルです。PDCAの考え方は、一応このレベルでも実行できているといえますが、P＝Planの段階で作られているのは、計数計画だけということになります。

レベル4：計数計画のみならず、活動計画も立案し、予実差がどのような活動と関連しているかを議論、分析し、活動計画の修正を行っていくレベルです。ある程度活動計画がブラッシュアップしていくことが期待できます。

レベル5：活動計画に加えて、活動計画の目標指標としてのKPI設定を行い、計数計画・活動計画・KPIを三位一体でPDCA、進捗管理が行えるレベルです。このレベルになると、「95.PDCAのCチェックの差異分析は要因分解して行う（P)」の項で紹介したように、チェックの段階で、予実差を環境要因E、活動計画要因

C、KPI要因Kに分けて分析できるようになります。その結果、より効果的な対応策Mが立案でき、PDCAの行い方をレベルアップできるようになります。

レベル6：レベル5の活動を続けていると、PDCAとともにマネジメントが進化するレベル6に到達することができます。これまでの調査では、レベル6に到達できている企業は1割にも満たない比率です。

活動計画の立案やKPI設定のワークショップを行うと、やり慣れていないので当初戸惑う人たちもいますが、ひとたび考え方のコツが飲み込めると、2回目からはすらすらできるようになります。つまり、普段からそうした思考法に慣れていないだけだということです。

活動計画を作りたがらない理由の一つに、計画で自分をがんじがらめにしたくないということもあるかもしれません。ただ、活動計画を後で立てようと思うと、結局通常業務に流されてしまってできないので、計画立案時に立てておいた方がいいのです。

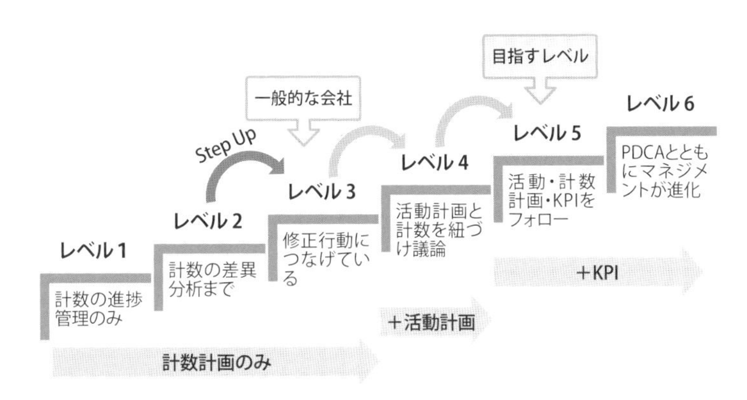

ポイント

PDCAは活動計画とKPIを設定しレベル5を目指す

緊急時はOODAループを活用する(P)

2020年の上半期は新型コロナのせいでPDCAをうまく回せなかった企業が続出したのではないでしょか。それもそのはずです。PDCAは、緊急事態には向かない経営管理手法なのです。緊急事態に適した経営管理手法はOODAループです。

OODAループとは、観察(Observe)－情勢への適応(Orient)－意思決定(Decide)－行動(Act)の頭文字をとった言葉で、元々はアメリカ空軍のジョン・ボイド大佐が提唱した方法論です。大佐は、朝鮮戦争における史上初のジェット戦闘機同士の空中戦の戦いで、性能に優れたソ連・中国のMiG-15戦闘機軍に対して、状況判断・対応力の差で米軍のF-86戦闘機軍が10対1という驚くべきキルレシオ(撃墜比率)で勝利を収めた戦い方に端を発しています。

ボイド大佐は、OODAループを元々は航空戦に臨むパイロットの意思決定を対象としていましたが、作戦術・戦略レベルにも敷衍され、さらにビジネスや政治など様々な分野でも導入されるようになっています。

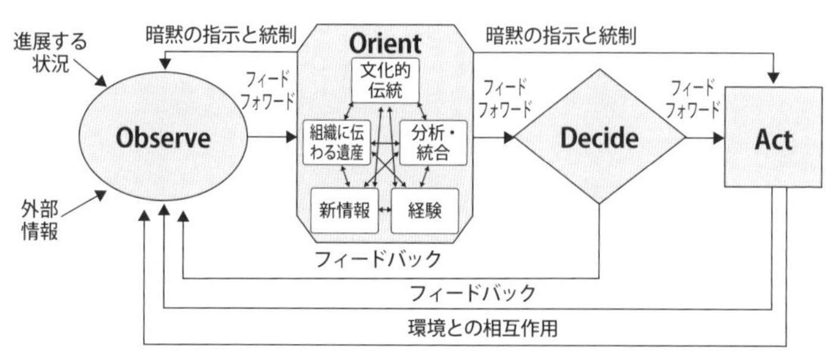

出所:『OODA Loop』チェット・リチャーズ著　東洋経済新報社　2019年3月

新型コロナ感染症対策を例にとってみると、専門家も初めてのことなので、どういった場所でどのようなふうに感染し、感染したらいつ頃からどのような症状が出るか把握し、どのような人が重症化するのかを観察（Observe）するところから始まりました。そして、飛沫感染が多いことが分かると、三密を避けるという方向付け（Orient）を行いました。その上で、緊急事態宣言を発出し、出社率8割削減を推奨したり、夜の会食を減らすために飲食店の営業時間短縮等を決定し（Decide)、しばらくの間続けました（Act)。国民は不自由を強いられましたが、医療崩壊とそれに伴う死者の増加を避けるために、やむなく協力しました。その結果、第一波については、比較的医療崩壊と死者数を抑えることができました。

OODAループは、ループなので、一回で終わるのではなく、2回、3回と回していく必要があります。新型コロナウイルス対策も第2波、第3波と続き、もうしばらくはこのOODAループ的な対応が続くと考えられます。これがインフルエンザのように毎年発生するようになると、PDCAサイクルで対処できるようになります。

OODAループの特徴は、不確実性が高い状況で、命令のタイプがタスク型ではなく、ミッション型（例：三密を避ける）で、タスクの性格が反復的ではなく、創発的（マスクが無ければ、手作りする等）で、対応の重点が、事前ではなく、事後的で、データは、予測ではなく、事実データ（感染者数推移グラフ等）で、行動に対する判断は上位からではなく、専門性の要求が高く（防護服着用で、隔離等)、現場判断（三密対策で工夫等）であることです。

ポイント

緊急事態にはPDCAではなくOODAループで対処

098

ベンチャーはOKRで急成長を狙う（P）

PDCAが、ある程度出来上がった成長後期～成熟期の企業に向いた経営管理手法だとすると、ベンチャーのような創業期～成長前期の企業には野心的な目標設定を行うOKRが向いています。

OKRとは、Objectives and Key Results（目標と主要な結果）の略で、米・インテルで伝説の経営者といわれたA・グローブがモトローラとの半導体競争の中で考案・導入し、目覚ましい成功を収めたことに由来します。その時インテルでいっしょにやっていたジョン・ドーアが、クライナー・パーキンス（著名なVC）に移り、投資先のGoogle等にOKRを紹介して、同社の飛躍の元となりました。例えば、Googleの親会社であるAlphabetのCEOになったサンダー・ピチャイは、インド出身で2004年にGoogleに入社し、その後Google Chromeの開発に携わり、「Chromeの7日間のアクティブ・ユーザー数の目標」をOKRで設定し、2010年にはアクティブ・ユーザー数を1億人にするという目覚ましい業績を挙げました。Googleでは現在でもOKRを使用し、他社にもその利用を推奨・紹介しています。

Googleだけでなく、他にFacebookなど、シリコンバレーの有名企業が取り入れていることで、近年注目を集めています。

日本では、メルカリ、Sansan等が導入していると言われていますが、2021年から花王が導入を始め、ベンチャーだけでなく、大企業でも活用され始めています。

OKRの使い方についてご紹介しましょう。

（1）O：Objectives（目標）

Objectivesは組織が達成を目指すシンプルで覚えやすいもので

あること、定性的なもので定量的な指標は入れなくてよいとされています。ただし、それは社内のチームのモチベーションを高めるような挑戦しがいのあるもの、野心的なものであるべきだとされています。期間は、四半期（3カ月）～1年程度で達成できるような目標です。

(2) KR：Key Results（主要な結果）

Key Resultsは、Objectiveへの進捗を図るための具体的な指標で、こちらには定量的な指標が必要とされています。そして、一つのObjectiveに対してKRは2～5つ程度を設定します。実績は、KRの達成度を0～1.0で測り、その平均値をOの達成度とし、色分け（0.7以上青、0.4～0.6黄、～0.3赤）して評価を行います。OKRにも2種類あり、必達が求められるコミットするOKRは100%が必須であり、野心的なOKRは60～70%の達成度で成功とされています。

一方、通常使われているPDCAの難点は、100%が合格で、100%に到達すると、皆それ以上やらなくなることです。筆者が知っている企業でも、社員が低い目標達成で満足してしまわないように、わざと目標設定を行わない企業がある位です。それに対してOKRは60%でもいいということなので、60%以上に到達させようとする人たちもいるわけです。いわゆる試験と同じです。

もう一つPDCAの難点は、期間が1年と長いことです。我々の活動はおおよそ3ヶ月単位程度で動いています。季節が変わると気分も変わります。それを1年間長々と取り組んで、終わってから結果をフィードバックとなると、すでに最初の方のことは忘れかけています。それに対してOKRは四半期サイクルくらいで、素早く回していきます。

ポイント

ベンチャーや成長を目指す企業はOKRを

099

事業計画書にまとめる

この本の第3項「事業計画書の目次」で（1）既存事業用の目次と（2）新規事業用の目次の双方を示しました。また、使用するフォーマット集については、第4項で（1）既存事業用の中期経営計画策定用ワークシート集と（2）新規事業用の事業計画書作成用ワークシート集をご紹介しました。

これらのワークシート集に書き込むことで、事業計画書の元ネタとなる材料は揃うことになります。以上を前提にそこから先の話をします。

（1）事業計画書の体裁を決める

事業計画書といっても、いろいろな体裁があります。

①要約タイプ

枚数の少ないものでいうと、A3サイズで1枚や2枚もの程度でまとめるものもあります。作り方は、1枚のシートをエリア分割し、事業計画書の各要素の中から必要な要素を選別して配置します。すでに決まったフォーマットがあるのであれば、それに合わせて作成します。

A3サイズ2枚にまとめる場合は、1枚目は第2項で紹介しているビジョン・戦略立案フレームワークの中のビジョン設定（V）、ビジネス環境分析（A）、戦略策定（S）の3つのパートの要約版とし、2枚目は、活動・計数計画策定（P）の要約版となるようにレイアウトします。

②プレゼン資料タイプ

社内または社外プレゼン用に、パワーポイントで見栄えよく作り込むタイプです。ビジュアル要素を多く使う等のデザインセンスが必要です。見栄えにこだわらなければ、たたき台として作成したワークシート集をそのまま使う、または少しデザインテンプレート風にして使う方法もあります。実際に多くのクライアントに社内用として活用してもらっています。

③冊子タイプ

印刷配布を前提に、読んで分かる資料となるように、ワークシート集をもとに説明文を入れて冊子にするタイプです。企業の中には、印刷して全社員に配布するところもあります。

④ホームページ掲載タイプ

事業計画書の骨子となるキーワードや数値、図表等を同じページの中に収めるタイプです。社外公表用に使います。

（2）全体のストーリー付けを行う

株式公開企業の中期経営計画には、「コーポレートストーリー」が求められます。すなわち、株主・投資家が企業の将来性に魅力を感じてもらえるようなストーリーが込められているということです。ストーリー付けは、基本過去から現在へ、そして未来へと繋がるような企業の物語となるように構成します。

（3）作り込みを行う

体裁とストーリー付けを決めたら、それに合う形でワークシート集に書かれていることを材料に作り込みを行います。この際、資料間の整合性確認（特に計数面の整合性チェック）を行い、齟齬がないように注意します。

（4）成果物確認を行う

一通り出来上がったら、正確性とストーリーの伝わりやすさ、説得性の観点から確認を行います。プレゼンの場合は、リハーサルを行ってストーリー性や説得力を確認します。

ポイント

まとめは、体裁決め、ストーリー付け、作り込みで

100

事業計画書を発表する

事業計画書としてまとまったら、それを使って社内あるいは社外向けに発表を行います。

発表は、対象者・層によって発表形式や発表内容が異なります。

(1) 既存事業の場合

既存事業の場合は、対象者・層が次表のように多くなります。このため、予め社内でどの層に対してどのような内容を説明するのかを決めておき、その対象者向けの資料を用意しておきます。

①発表内容

発表内容の基本は、(ア)全社的なことと(イ)個別事業部門または管理部門のことという2部構成となります。役員層以外は、(イ)個別事業部門または管理部門の内容を、対象者層に合わせて構成します。聞き手は「自分に関係があるところはどこなのだろう？」と思って聞きますから、そういう部分を織り込むことが重要です。(ア)の全社的なことだけ聞かされると、自分には関係のないことと思われる危険性があります。

②発表用資料

このため、部門長から下の層へは、発表の場と資料を変えて、聞き手に関係のあることに触れられるように発表を行います。

印刷物を使う場合などは、全社版を作っておいて、(ア)全社的なことは共通にして、(イ)個別については、対象者に関係のある所だけを開いて説明するような形を取ると良いでしょう。

③発表形式

通常はリアルで行いますが、接触を避けリモートになることもあります。リモートの場合、全社共通部分を初回に録画し、2回目以降に活用する方法もあります。

④Q＆Aの準備

発表会では、必ずQ＆Aの時間を取り、聞き手の質問や疑問に答えます。ただし、質問に対してうまく答えられなかったりすると、印象・心象が悪くなりますから、予め出そうな質問等をリストアップしておいて、想定問答集を作っておくと、Q＆Aもスムーズに進みます。そうすることで信頼感を高めることもできます。

(2) 新規事業の場合

新規事業の場合は、対象者が社内の意思決定者か、社外の出資者を相手に行うことが多いでしょう。通常はパワーポイントのプレゼン資料を作り込んで行います。発表会のような形を取り、発表対象者が多い場合は、事業の概略を述べた圧縮版のピッチと呼ばれるもので10分以内で実施することがあります。一方、社内で綿密に審査を行ってもらう場合は、1グループ20分程度の時間を取ってもらえることもあります。予め持ち時間に合わせて作り込んだワークシート集の中から重要なシートを選び、ストーリー付けをした上でプレゼンを行います。

対象者・層	発表	
	場・形式	発表内容
役員層	・経営会議	・全社ビジョン・経営目標・戦略・方策・推進組織・計画等
事業部長・部長層	・幹部会	・同上＋事業部ビジョン・目標・戦略・方策・推進体制・計画等
課長層	・部課長会	・同上＋課の目標・戦略・方策・推進体制・計画等
一般社員層	・「全社方針会議」 ・「中期経営計画発表会」 ・「経営計画書」配布等	・全社関連の発表会では全社関連中心 ・事業部・部・課レベルではそれぞれの組織に対応した内容
社外	・経営方針説明会 ・ホームページ（IRサイト）	・全社関連の発表内容に準じる ・ホームページ掲載内容はIR方針に準じる

ポイント

発表会という本番に向けて、万全の準備を

〔著者紹介〕
井口　嘉則（いぐち　よしのり）
株式会社ユニバーサル・ワイ・ネット　代表取締役
オフィス井口　代表
岐阜県出身。東京大学 文学部社会学科卒業、シカゴ大学MBA
日産自動車にて情報システム部門、海外企画部門を経験、中期計画・事業計画を担当。三和総合研究所（現三菱UFJリサーチ＆コンサルティング）にて、中堅～大企業向けに中計策定支援をはじめ、数多くの経営コンサルティング案件を手がける。その後、IT系などのコンサルティング会社を経て、2008年にオフィス井口設立。2009年から株式会社ユニバーサル・ワイ・ネット代表取締役。
2010年代には中央大学ビジネススクール客員教授、立教大学経営学部講師、対外経済貿易大学客員教授（中国・北京）等も務める。
クライアント企業の新規事業企画コンサル、中期経営計画策定やワークショップ方式の企業研修講師を多く務める。「研修程度の費用でコンサル以上の成果を」が売り。研修・講師実績多数。研修・セミナー等は年間100回程度のペースで実施（zoom等を使ったオンラインセミナーや研修も実施している）。

◆著 書
『マンガでやさしくわかる中期経営計画の立て方・使い方』（日本能率協会マネジメントセンター、2019年）
『マンガでやさしくわかる経営企画の仕事』（同、2018年）
『マンガでやさしくわかる事業計画書』（同、2013年）
『ゼロからわかる事業計画書の作り方』（同、2009年）
『これならわかる マンガで入門! 新規事業のはじめ方』（ダイヤモンド社、2015年）
『中期経営計画の立て方・使い方』（かんき出版、2008年）
『経営戦略のフレームワークがわかる』（産業能率大学出版部、2011年）ほか。
オフィス井口のホームページにオンラインを含む最新のセミナー情報、事例、研修メニュー、顧客・受講者の感想等を掲載。
http://www.iguchi-yoshinori.com/（「オフィス井口」で検索）

予測不能な時代に備えて 計画を立てる・見直す

事業計画書の作り方100の法則

2021年6月30日　初版第1刷発行
2022年10月25日　　　第2刷発行

著　者——井口嘉則 ©2021 Yoshinori Iguchi
発行者——張 士洛
発行所——日本能率協会マネジメントセンター
〒103-6009 東京都中央区日本橋2-7-1　東京日本橋タワー
TEL 03(6362)4339(編集)／03(6362)4558(販売)
FAX 03(3272)8128(編集)／03(3272)8127(販売)
https://www.jmam.co.jp/

装　丁——冨澤 崇(EBranch)
本文DTP——株式会社森の印刷屋
編集協力——八島心平
印刷所——広研印刷株式会社
製本所——ナショナル製本協同組合

ISBN 978-4-8207-2929-7 C2034
落丁・乱丁はおとりかえします。
PRINTED IN JAPAN